大學差很大

開南大學校長
高安邦 著

目錄

Table of Contents

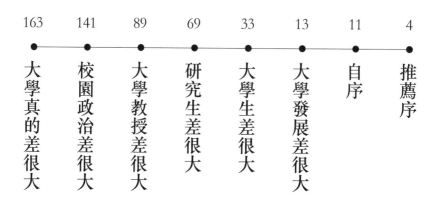

推薦序

當升大學變得很簡單後……

時移世易，自一九九七年開始，考上大學愈來愈容易，時至今日，甚至考不上大學變得很難。

當升大學變得很簡單後，整個大學生態也跟著丕變——學生素質低落、學習心態鬆散，不只大學生產生質變，學生考評方式以及新增的教授評鑑制度，都讓師生的互動產生微妙改變。還有以往單純守在學術象牙塔「足不出戶」的教授，為了「生存」（申請研究計畫、應付升等考核等）也紛紛從「雲端」步入「紅塵」，甚至成為電視上的名嘴（其實也是一隅之見居多）或者全方位「達人」（其實很多都是道聽途說，世上哪有那麼多「無所不知的人」），更甚者，也有一些「風骨」漸軟的人，為了名位，讓「袖子」突然間變長，滿天飛舞，開始在崇高的學術殿堂玩起黨同伐異的大人政治家家酒。

我們一邊對在大學學術領域仍孜孜矻矻堅持的人表達敬意，一邊也不禁深深驚嘆現在的大學和過去真的差很大。

高校長從事大學教育有年，學養豐富，行政歷練完足，今將多年所見、所聞、所歷、所感寫成《大學差很大》一書，其中沒有高深論文的引經據典，故讀來不覺詰屈聱牙，因為都是過去實際經驗或具體聽聞所得例證，雖然高校長宅心仁厚，有意為「當事者隱」，但對明眼人來說卻是昭然若揭；對「圈外」人而言也覺得親切自然，事實具在，令人驚嘆莞爾。

《大學差很大》只是點出大學今昔不同中的「冰山一角」，其他更水面下的「差異」就待其他有心人自己發掘了。

國立武陵高中校長
林繼生

推薦序

大學差很大？大學真的差很大！

安邦校長從他的教學經驗，以及從事學術行政主管的親身經歷，將大學近二十年來的變化娓娓道來。最難能可貴的是，安邦兄在私立大學擔任校長多年，對於公私立學校的差距有很深入的體會。《大學差很大》這本書，不僅教育工作者應該讀一讀，對學生而言，也可以從這本書，得到一些啟發。

台灣近二十年來大學林立，造成大學教育供過於求的現象。今日大學教育整體而言，其品質可說是不升反降。關於大學院校的退場機制，嚷嚷了多年，但不管那個政黨執政、誰做教育部長卻都不敢真正推動，只能靠市場自由競爭的機制，物競天擇。老師、學生以及從事教育事業的人，如今都成為叢林中人人為戰、人人為敵的獵人或獵物。大學原本是追求真善美的和平寧靜樂園，竟然成為殺戮戰場。孰令致之？孰令為之？

國內的大學教育自教育改革以來，問題叢叢，到處一片批判之聲。但是，對於教改之後的亂象，至今沒有系統性的檢討，當時推動教改的人，對於今天的教育亂象，難道不應該道歉？多少老師和學生成為冤死的白老鼠？

安邦兄用淺顯易懂的文字，描述大學教育近二十年來的變化。文中點出許多大學教育的核心問題，令人深思。特為文予以推薦！

前政大社會科學院院長暨考試委員

推薦序

我們的大學怎麼了？聽聽大學校長的肺腑之言！

"… a University training is the great ordinary means to a great but ordinary end."

〈大學訓練是一種偉大平凡的方式，要達到偉大卻平凡的目的〉

The Idea of a University, John Newman (1801-90)

英國十九世紀教育家暨散文家John Newman在其《大學的理念》一書中，提到大學是個以「偉大平凡的教育方式，要達到偉大卻平凡的目的。」。這個偉大且平凡的目的，就是要培養國家社會所需要的人才！

台灣過去幾十年來的大學教育，對於國家競爭力的提升，具有舉足輕重的地位。高階人才資源，絕對是過去、現在與未來，我們面對全球競爭中的重要工具。然而，過去對於高等教育的討論，大都偏重政策、法規與教學目標，甚少從實務面切入，來討論整體台灣大學的操作面與現實面。安邦校長這本《大學差很大》碰觸到過去很多學者不願去挖掘的真相與事實（如大學的校園政治），為教師個人到學校的行政操作等面向，提供了一務實且深入的討論與分析。這不是一本爆料的書，而是一本大學教育的操作手冊！

個人認識安邦校長十幾年，對於他卓越的學術、行政能力以及深思熟慮、謹言慎行的個性，非常佩服。然而近日來，卻常常聽到他對於高等教育憂心忡忡的發言與建議，當是發自於內心之憂慮與長期對大學教育的一種使命感！從政大經濟系系主任到現今的開南大學校長，他所展現的全盤思維，不斷地出現在《大學差很大》這本關於大學教育的論述上。

本書大抵從個人面與實務面談起，文章樸實詳盡，比較過去與現在大學的差異，進而提出對未來大學發展的策略與做法。其間，也觸及了大學中，教師、學生、主管等所面臨的改變與衝擊。教師個人評鑑與大學評鑑是否能提升大學的品質？在大學教書是個好的生涯規劃嗎？學生在大學要學些什麼？少子化後，多少大學會倒閉？解救之道為何？招收陸生是萬靈丹嗎？這些問題，在本書都可以看到作者深入的分析與精闢的見解。想要了解大學教育全貌的學術人士、社會人士、學生、家長、教育主管，都應該拿起這本書來閱讀，靜心體會作者的用心！

大學是台灣未來國家競爭力的重要培養場域，我們都應該來關心它們的發展。誠如Newman一再強調的，大學負有一個偉大但平凡的目的，大學是一個教育我們成為了解自己能力與潛能的地方，大學可以創造社會與國家的價值。過去，我們發展得很好，造就了台灣奇蹟；現在，我們面臨諸多教育的挑戰，正積極進行改革與突破；未來更是大學教育的重要關鍵時期。作者透過這本書，問所有關心或從事大學教育的人：「我們準備好了嗎？」

政大英文系教授、台灣全球化教育推廣協會理事長

陳超明

自序 揭開大學的面紗

一九九七年對台灣的高等教育是一大轉折點，該年大學招生名額大幅增加超過一萬七千多人，使得大學聯考錄取率從上一年的不到一半，到突破六〇%。自此之後，大學招生名額持續增加，新的大學院校陸續成立，造成高等教育的供給過剩。現在只要想唸大學都可以如願，大學生的素質也因為學習環境與機會的增多，理論上應有明顯的提升，但事實上，我們觀察到媒體報導大學生的學習態度不佳，上課睡覺、啃雞腿，大學生的英語能力在亞洲國家的排名，已列末端，不禁讓許多人要問現在的大學教育到底怎麼了?過去和現在的大學是不是差很大?

四十年前，大學數目少，大學生是天之驕子，大學教授社會地位崇高，普遍受到敬重。四十年後，大學林立，後段班的大學缺額嚴重，環境的變化造成學術界競爭環境的嚴峻。大學教師的職位不再是保障，導因於大學的供給過剩，反倒是學生因為入學的機會大增，入學管道的多元，聯考的壓力驟減。現在的大學和以前相比，真的是差很大。

個人在美國獲得博士學位後返國任教，先服務於國立政治大學經濟學系，歷任經濟學系主任、台灣研究中心主任，和社會科學學院院長。三年多前，承蒙開南大學董事長黃政哲先生力邀出任開南大學教務長兼代理校長，隨即參與開南大學校長的遴選後，擔任校長。從國立大學到私立大學，從教學單位到研究單位再到行政單位的主管都經歷過，對高等教育的形形色色都有充分的了解。有感於此，希望藉由本書揭開大學的面紗，讓讀者對大學的種種有進一步的認識。

大學發展差很大

大學發展差很大

一九五〇年全台只有一所大學、三所獨立學院、三所專科學校，經過六十年，全台一〇五所大學、四十四所獨立學院、十五所專科學校，高等教育呈現急速而大幅的擴張。但同一時期，每年出生人口卻從超過三十二萬人到當前跌破十七萬人。出生人口大幅減少，可是大學數目卻持續增加，導致在少子化下的高等教育供過於求愈加嚴重。影響所及，最嚴峻的考驗當屬新興的私立大學，由於台灣有大學聯考的制度，新興的私立大學必須從大學聯考的底部力爭上游才能生存。四十年前大學聯考的總錄取率尚不到四分之一，而到今日每一個人都可以念到大學，大學教育普及的結果，使得研究所的入學人數持續增加，也造成高學歷高失業的結果。

對各大學來說，頂尖的國立大學要招更好的學生，新興的私立大學則要發展市場需要的科系，並擴大對國外的招生才能度過招生危機的挑戰。因此，新興的私立大學幾乎沒有冷門的科系，像哲學系、民族系、人類學系等。近年來更由於社會經濟環境的變遷，兩岸交流日益頻繁，就業市場對於觀光休閒的人力需求大幅增加，導致許多大學對觀光休閒與餐飲管理的學科增系或增班。除了觀光休閒及餐飲管理的學系之外，許多大學也在增設創意與設計的系所或學院。一方面政府也鼓勵文化創意產業的發展，另一方面對許多學生來說，創意與設計不像有些學科理論艱深難懂，缺乏生趣與成就感。

大學向國外宣傳

有些系所雖屬熱門領域，但對聯考排名在後的新興大學或私立科技大學來說，卻不是學生的熱門選項，以會計系與財務金融系來說，這兩系在商管領域可說熱門，尤其是會計，專業性很高，容易就業，也可考會計師的執照，但學會計要有耐心及細心，許多學生對學會計的出路不甚了解，又認為會計不容易學好，因此認同感就低。對財金系來說，該系給大家的印象是會用到很多數理統計，對聯考排名在後的學生來說，大多數學生認為數學這一科永遠是他們所排斥的對象，因為多數的學生不外乎放棄數學或對數學有恐懼。但頂尖大學的學生則不同，大多數對數學比較有自信，自然能考高分。因此有一些新興的私立大學，把微積分從修業課程中刪除，以吸引更多的考生填寫志願。

時代環境的變化讓農業產值佔總產值的比重隨經濟發展而下降，因此過去各大學的農學院也必須改名或重整。農學院及農業類科的學系大多改名為和「生物」或「生命」有關的字眼，以增加對考生的吸引力。由於理、工、醫、農類科相較人文、法商類科更重視數學，因此，近年來選擇人文、法商就讀的學生有增加的趨勢，對新興私立大學的衝擊反應在理、工類科入學的人數在遞減，這種情形也出現在日本。由於我國對大學招生員額有總量管制，各大學的招生策略都是減少冷門學系的招生員額，把名額移到熱門學系，或移撥用以增加研究所的招生員額。

為了招生，各大學也使出渾身解數。有的提供優厚的獎學金，有的強調國際化有很多出國交換或獲得雙學位的機會，有的則是採取物質激勵的誘因，像有所大學對新生入學提供小型筆記型電腦，也有一所私立大學強調新生入學採取國立大學的收費。雖然有許多誘因，但學生在意的仍是學校的社會聲望、師資陣容、辦學績效與地理區位、交通因素等項。新興的私立大學由於較缺乏知名度，也必須製造議題躍上媒體以吸引社會大眾的注意。特別是每年有辦大學博覽會，主辦單位也配合大力宣傳，以吸引更多的考生前來，由於帶有一些商業色彩，加以許多明星學校並不熱衷參與，使得大學博覽會的成效大打折扣。

除了招生的議題之外，各大學在新的時代環

大學招生廣告範本

境下也必須自我定位，並自我轉型以合乎時代發展的需要。以頂尖大學來說，幾乎都會把自己定位成研究型大學，因為研究型大學在全球來說，學術聲望較高，也較卓越。台大的目標很明確地就是要前進世界百大。因此台大的老師論文的研究成果就愈加重要。台大也要招收更多的國際學生從事國際交流。但對新興的私立大學來說，多數會把自己定位成教學卓越型大學，因此許多私立大學的老師認為學校既然以教學卓越為導向，老師的研究也許不那麼重要。事實上，教學卓越仍需要研究來強化教學內容的提升，過去的教授可以二、三十年教相同的內容，但現在知識不斷的創新，教學內容不斷的進步，因此大學教授也不能只教學而沒有研究的投入。

大學要發展要進步，也要有一些鞭策的力量。目前全國各大學已經完成第一輪的大學系所評鑑，針對各系所的發展情況，由財團法人高等教育評鑑中心基金會進行評鑑。評鑑的結果給予通過，待觀察及未通過。評鑑中心有設計一套參考的效標，並由評鑑委員進行實地訪評。各系所在評鑑委員進行實地訪評之前，要完成自我評鑑，自我評鑑報告出來之後，必須先對缺失進行改善，也要建立改善機制，以供實地訪評的委員參考。系所評鑑給各大學帶來莫大的壓力，尤其是評鑑未通過就會面臨一些懲罰性的措施，像減招學生就是一些私立大學不願見到的結果。

各大學為了通過系所評鑑都會花很長的時間去準備，並投入了龐大的人力物力。由於評鑑的結果五年有效，換句話說，五年為一個循環周期，要讓各系所忙得人仰馬翻。由於評鑑的實地訪評需要兩個工作天進行，而且非常緊湊，訪評委員也會非常辛苦，難得有空閒休息，實地訪評時，各系所都不敢怠慢訪評委員，而評鑑中心的工作守則也明確要求訪評委員要公正客觀，避免接受受評單位提供的餽贈品。通常在實地訪評時，委員到達時多會受到受評單位師生的夾道歡迎。聽取簡報、抽訪師生晤談、查閱相關資料、訪視上課情形及教學設備等是訪評委員的主要工作，通常第一天結束時，訪評委員會提出一些待釐清問題交由系所回答，第二天一大早訪評委員必須得到系所的回應。

對各系所來說，為了回答待釐清問題，各系所必須準備充分的資料和提出強而有力的說詞，以取得訪評委員正面的看法。因此，訪評的第一天晚上，各系所辦公室燈火通宵達旦，許多系所主管與教師及助理熬夜回答問題，隔天一早又需接受訪評委員的詢問真是苦不堪言。對訪評委員來說，訪評工作也備極辛勞，在第二天必須完成訪評意見，並取得訪評委員們的一致認可，若訪評委員之間有不同的意見，則更需多一些時間取得共識，並依據參考效標提出評比，以初步評定系所評鑑的結果，送交評鑑中心，再由評鑑中心召開所屬學門的規劃委員會議審核之後，再報請評鑑中心的審查會議核定。

系所評鑑要獲得通過，除了要滿足各種參考效標之外，學校及系所的聲望，以及訪評委員的特質也有很大的關係。有些訪評委員來自頂尖的國立大學，很容易把頂尖的國立大學那一套標準來審視新興的私立大學，訪評委員若來自相互高度競爭的學校，也會造成一些不利訪評的結果。另外綜合大學的系所

評鑑，若找私立或國立技職院校像科技大學或技術學院任職的委員來訪評，就會用技職體系的觀點來看一般的綜合大學，也易於失之偏頗。

在台灣學術圈子小，人際關係重要，有些訪評委員和受評單位的教師關係良好，雖面對系所一些缺失，在評比時也不致於下手太重。有些私立大學積極地從國立大學延攬師資的主要目的，除了改善師結構之外，就是希望在評鑑時能比較有利。評鑑的結果會由評鑑中心公佈，有些明星大學的一些系所也會出現待觀察的結果，即使是台大也不例外，評鑑的用意也在鞭策學校進步，但有些委員有自己強烈的主觀意見，是否合適擔任訪評委員值得深思，因此高等教育評鑑中心也針對各種訪評委員的適任性重做檢討，並安排一系列的評鑑倫理與實務等研習課程給評鑑委員參加，並頒發研習證書，以期對評鑑工作能夠盡善盡美。

評鑑的結果可能會影響到一些學校的招生，但是有些熱門的校系評鑑結果不理想，可是招生情況卻很好，其主要的原因就是市場需求與交通地理位置。有些私立大學位處在偏遠的山區，交通又不方便，在招生上會面臨較嚴酷的挑戰，再加上所成立的系所，其市場需求不大或呈現飽和，勢必要調整系所，否則會妨礙到學校的生存與發展。近年來各大學為了招生的需要，系所改名或調整招生員額的案例多得不勝枚舉，有些學校甚至修改校名，以利招生，不過此種作法成效如何仍需時間觀察。

為了有利於招生，許多私立大學積極推動產學合作計畫，產學合作可以有機會讓產業界的專才成為大學殿堂的講員，而學生可在學習過程中在業界實習，取得寶貴的工作經驗，並有利於畢業後的就業。由於大學畢業即失業的印象深深烙印在許多學生的腦海，產學合作可降低畢業即失業的疑慮，但對國立明星大學來

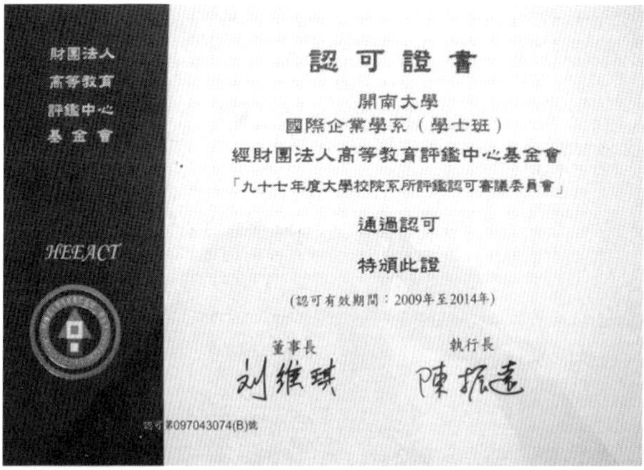

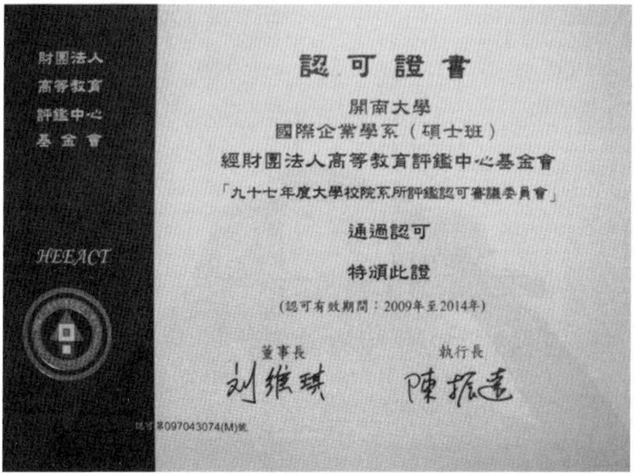

高教評鑑中心頒發的評鑑核可證書

說，其畢業生就業相對容易，產學合作的重點會偏向研發創新，並獲得業界資源的挹注。

大學要發展，勢必要有更多的資源投入，公立大學主要來自政府的支持，但很多明星大學政府的支持已降至總支出的一半以下，大多數的明星國立大學要找額外的財源，例如研發計畫、建教合作、推廣教育、在職專班，以及捐贈收入等。明星國立大學容易得到校友及社會各界的捐贈，有些場館更以捐贈人為命名，私立大學主要依賴學雜費收入，另外還有教育部提供的獎補助。

然而對私立大學的捐贈待遇卻不如公立大學，其原因是對私立大學的捐贈，要先捐給財團法人私立學校興學基金會，若未指定捐款予特定學校，才能在申報當年度所得稅時，全數可列扣除額或費用、損失。若有指定特定學校者，個人之捐款不超過綜合所得總額百分之五十，而營利事業之捐款則不超過百分之二十五，因此對私校捐款的規範較為嚴格並有歧視性的待遇，自然誘因也低。

各大學都在積極爭取各種財源，有些在市區內的大學，其停車費的收入相當可觀，由於地利之便加上學校好的聲望，使推廣教育的收入對學校產生很大的貢獻。另外，各大學辦理的在職專班碩士學位學程，由於收費較高，也為學校帶來一些可觀的收入外，在職專班的學生，有許多在職場上均屬高階主管，也有機會引介一些資源給學校。許多職場上的高階主管並沒有顯赫的學歷，在職專班也成為提升他們學歷的重要管道。

大學有了更多資源的挹注後，就必須在教學與研究上追求卓越與創新，培養學生健全的人格，關懷社會，並善盡社會責任。然而觀諸台灣社會，在經濟發展

之後，許多價值觀亦發生改變。過去在經濟發展初期的勤儉價值觀，已逐漸轉化成新的消費觀，利他的觀念也逐漸淡化，代之而起的是追求自我的最大滿足。

因此，許多大學生追求流行，追逐時尚，為流行時尚產品代言，賺取不少的收入，並成為許多人羡慕的對象。相反地，也有一些大學生默默地為弱勢團體付出，擔任志工，無怨無悔，關懷社會，並得到學校的支持。其實大學的發展必須與社會相結合，並善盡對社會教育的責任。目前許多中小學因為資訊人才的缺乏，學校網站的維護不易，若能經由雲端運算與大學合作，共同建構資訊雲，就可克服問題。因此，大學的發展走向社會是必要的。

目前對大學發展衝擊較大的問題在於少子化與大學過多。少子化會嚴重影響大學的生存，有些後段班的大學已經在思考退場的問題，目前國立大學與國立科技大學院校的新生一年約六萬五千人，全部大一新生將近二十四萬人，此一數字佔當年出生人口的七成，若以當前的出生人口換算，十八年後，全台的大一新生將少十二萬人，換句話說，可能一半的大學招不到學生，是何等的嚴重！所以許多大學也著眼於招收境外的學生，並積極參與境外的招生說明會。為了突破少子化的困境，有些大學也努力思考如何轉型，最常被討論的是，可以配合高齡化社會發展的需要，學校也可退場轉型為社會福利的安養機構。除此之外，學校也可成立與教學、實習有關的附屬機構，並對外營運，南部有所大學成立並經營一個會館就是顯著的例子。

少子化對頂尖國立大學也會有影響，要進入頂尖國立大學變得容易一些。目前我們可以觀察到頂尖國立大學的學生素質正逐年下降，因此也產生了開放陸生來台研習，以刺激本地學生的呼聲。雖然頂尖大學不會有招生的問題，但在學校發展上需要更多的資源，更開放的彈性薪資，以激勵研發創新，追求卓越。

頂尖大學也不能太依賴政府的支持，也必須開拓自主性的財源以利學校的發展。不過影響公立大學發展的是公立大學的人事包袱較重，讓經費有效運用並不容易。像政大有一系的助理有四位，但與該系規模相當的私立大學只聘用一位系助理。有些大學人事經費所佔的比重超過七〇%，會有排擠效果並影響到學校的發展。

對許多私立大學來說，少子化的影響不只在招生層面，也對教師的需求產生了降低的影響。許多私立大學必須裁汰多餘的師資，然而有許多師資都是在擴張時大量聘用來的，但一旦學生數目減少，就會有師資供給過剩的問題，並造成教師的不安。於是有些研究表現好、有競爭力的教師就會申請到國立大學或沒有招生問題的學校任教。大學教師要能跳槽，沒有研究表現是不行的。

因此，沒有能力轉到他校任教的老師，面臨即將要被裁減時，多會留在原校和學校抗爭甚至興訟，一旦面臨不續聘，這些現象會更加嚴重。許多大學為提升學術水準，依大學法第十九條之精神，基於學術研究發展需要另定教師停聘或不續聘之規定，也使得聘任糾紛愈形增加，申訴及訴願案件層出不窮。

在少子化的影響下，公立大學的發展應走向精緻化，私立大學則要走向特色化。明星的頂尖大學要追求學術卓越，必須強化研究所的部分，培養優質的研究生與教授組成堅強的研究團隊，以利於學術研究，並釋放出一些大學部的員額以降低教師授課負擔，把重點放在研究所。

至於私立大學必須發展自己的特色，並在社會大眾中留下深刻強烈的好印象，像有些大學以觀光及餐飲管理的特色做為主要的訴求，也收到一些不錯的效果。因此，各大學在思考學校的發展上必須先了解自己的利基所在，才能永續發展。

大學生差很大

大學生差很大

一九七〇年代大學聯考的錄取率大約只有兩成上下，考取大學當大學生是許多高中生的夢想。由於聯考升學的壓力很大，家長莫不希望自己的子女能就讀明星高中，以便將來能順利擠進聯考的窄門。當時國中畢業生很多沒有考取明星高中，就會選擇重考。因此，出現了補習班中流行的國四班。升大學也是如此，高四班也到處可見。一旦擠進聯考的窄門後，許多大學生舒緩並解放了聯考的壓力後，變成由你玩四年。然而，也有一些學生立定志向將來要往先進國家較好的環境去學習和發展，當時在台大校園曾流行一句話：「來來來，來台大；去去去，去美國。」然而要到國外深造，沒有經濟上的後盾是不行的。考上教育部主辦的公費留學考試，或申請到國外大學的獎學金，可以緩和經濟上的壓力。有經濟壓力的留學生多會找打工的機會，特別是在中國餐館打工成為很多留學生的選擇。自由的大學環境，也讓很多學子在大學校園內，有不同的思維，不同的職涯選擇，也塑造一個人的重要發展歷程。

大一的學生稱為新鮮人是很恰當的，四十年前的高中畢業生不知道大學的社團活動竟然是這麼多彩多姿，也不知道自己可以自主性地在大學選擇那麼多自己要上的課，更不知道原來翹課是那麼的容易，而且內心也不會自責，反而卻變成理所當然。然而四十年後的今天，新鮮人再也不新鮮了，未進大學之前，由於網際網路的發達，訊息的充分，雖然尚未進入大學，可是大學的種種事務對許多新生來說，卻能清楚地掌握。許多大學例行性地都

會找高中生到學校來參觀，讓高中生提早接觸到大學。在少子化的趨勢下，各大學對於高中生的參訪也給予更高的重視。目前即使是一流的明星國立大學也要到全國的明星高中去宣傳，並積極尋找他們心目中的優秀學生。

大一的新生在入學之後，要有一些調整。大一的課程多是基礎必修的學科。很多老師會採用原文的教科書，通常第一個學

期接觸原文書需要一段適應期，早期的大學生看原文書時，必須常依賴字典，查完字典之後，也不能保證懂得重點。後來翻譯原文課本的教科書大量出版之後，帶給了學生的方便，但也減少了學生接觸外文的機會。現代則因為教育科技的進步，教科書常會附帶光碟，光碟內的檔案都是教科書內各章節的精華重點。而且開啟電腦閱讀的過程中，可以叫出電腦中的翻譯軟體，不必查字典，學習上會更快、更有效率。

對大一新生來說，系上基礎核心必修課程，是大家共同群聚學習和認識彼此，相互交誼的時刻，班代表會利用中間休息的空檔，宣告一些和班務有關的事項，或利用黑白板的兩邊書寫提醒同學的注意事項。後來補習班及其他機構、或社團進入教室後，也會書寫一些相關的宣傳或活動在黑白板上，以吸引同學的注意。

由於大一新生對於選課通常沒有很明確的概念，因此學長、學姊、或系上的行政人員的意見就會影響選課。大學老師的授課和高中老師不同，大一的新生會覺得在大學的課上，會比高中時代自由。大學的課，通常有很多機會上大班的課，也常和他系的學生一起上課，加以很多上課的老師不點名，又沒有固定的座位，更提供了翹課的誘因。因此，他就會開始去摸索那些課應該如何應付，那些課可以翹課。

大學指定考試放榜後，各校各系都會舉辦各式各樣的迎新活動，有的學校會由校方主辦新生體驗營的活動，讓新生提前體會在大學生活的情形，以強化其註冊就讀的意願。各系所辦的活動有些會併入學校的新生及家長座談會舉行，有的則是透過系學會以茶會、餐會或其他的方式進行。由於大學所招收的學生來自於全台各地，因此有些系學會所辦的迎新活動，還要分北、中、南不同的地區舉行。四十年前，系學會所辦的迎新活動主要是露營與烤肉，這種型式的活動歷久不衰，一直到現在仍很常見。

大一新生入學時各校都會舉辦新生訓練，介紹學校環境和學生相關的事務。按往例都會有教務、學務、總務各項業務的介紹。由於有些業務介紹比較枯燥，學生會有打瞌睡的情況。近年來由於學生自主意識的覺醒，加上民主社會中多元意見的盛行，讓一些學校在新生訓練時常有媒體報導的題材。由於高中的生活和大學有很大的不同，新鮮人在新生訓練時尚有集體的概念，由於大家群聚在一起受訓，等到上課之後，發現修課的同學有許多不同班也不同系，個體自我意識就會逐漸形成，加上每一個人都有自己的生活安排，新鮮人也就從過去的高中時代的集體主義轉變成獨立自主的模式。

四十年前的大學生為了減輕生活壓力，主要的副業收入就是兼家教。過去聯考的錄取率低，大學生少，學養素質較高，兼差家教是普遍而正當的副業。然而今日的大學生為數眾多，聯考的錄取率逼近百分之百，又受到少子化的影響，使得當今大學生的最主要副業收入來自於打工。經濟壓力比較大的學生，打工成了主要的收入來源，並影響到學校的學習，目前常可見到許多大學生因為過多的打工而嚴重缺課，造成學期考試的扣考，甚至過多的學分數不及格而面臨被退學的命運。

台灣近幾年來所得分配日趨嚴重惡化，也影響到教育面的人力資本投資。較富裕的家庭子女念大學沒有經濟壓力，寒暑假還可以花費數萬甚至十數萬元出國遊學。經濟情況欠佳的同學，平日及寒暑假都要打工以賺取學費和基本的生活費。富裕家庭的子女從小開始就接受比較好的教育機會，因此，在升學的過程中會比較順利。反觀經濟情況欠佳的家庭其子女在升學過程中，教育投資相對較少，也迫於生活壓力，無法有充足的時間學習，在升學的過程中有較多的挫折，多會進入後段的私校，付較高的學費，使他們申請就學貸款的比例偏高，並進一步惡化他們的弱勢地位。政府應該重視弱勢生的就學問題，給予就學補貼或發放教育券供其折抵學費，並減輕其經濟壓力。

家庭社經地位比較高的學生佔明星國立大學的比例亦相對較私立大學為高。他們多能享受比較低廉的公立大學學費，享受比較好的教育資源，畢業之後有更好的機會找到心目中理想的工作。由於現行大學招生入學制度除了指定考試之外，尚有申請制度。各大學對於申請人都會以學力測驗的成績做為篩選的門檻。當申請人達到各大學所訂的最低門檻後，就可以提出申請，每申請一個學校就要繳交申請費，這對弱勢家庭的子女來說，也是一筆可觀的負擔。

除了申請要花錢之外，準備申請的資料也要花許多的時間、精力和相關的費用。和多年前的情況一樣，弱勢家庭出身的優秀學生會把有提供公費的大學優先列入升學的考量。目前因為少子化的關係，有許多教育體系的大學公費名額逐漸減少，使得競爭益加激烈。

目前許多來自弱勢家庭的大學生必須花很多時間在打工上，以取得收入支持日常生活，加以當前大學林立，隨時念大學不成問題，因此造成了各大學休學及輟學的人數日益增加。由於大學畢業生在職場上供給過多，導致就業相對困難。因此，報考研究所，取得專業證照或參加國家考試成為大學生所重視的選項，在諸多因素的影響下，大學生延長畢業的現象也愈趨明顯。

大學的進修部多安排在夜間上課，這也是需要工作學生的最佳選擇。由於各大學的進修部都是單獨招生，因此，大學指定考試分發的學校不是考生心目中的理想學校，就會透過各大學進修部的獨招，得到他們的另外選擇。也有許多人藉著進修部的就學，讀了一年後就可插班正規的大學部，致使進修部的學生大量流失，造成進修部只是正規大學部的一個中繼站。通常進修部學生的平均年齡要比日間部大，社會經驗也相對較為豐富，進修部也成了上班族就學的重要管道。

每一所大學都會招轉學生，一般來說，明星國立大學招收轉學生的名額很

少，因為台灣的公立大學淘汰學生的比例很低，多不會超過五%，不像國外的大學，學生淘汰的比例更可高達三分之一。也因為淘汰率低，所以大學生每學期的修課學分比國外高很多，每學期修二十學分以上的學生比比皆是，很多課程都是營養學分，造成學生可以用混的心理。也由於淘汰率低，所以國立大學的轉學名額就不多，轉學考的競爭也激烈。但相較於私立大學，國立的明星大學是許多私立大學生所嚮往轉學的期望。坊間也有一些專為轉學考的學生而設的補習班也紛紛成立，標榜轉學到台、清、交等名校要比大學聯考分發容易。

大學的轉學考試為大學聯考不理想的學生及退學生提供了一條可以發展的道路。它和轉系不同，轉系要看成績單，通常轉系的條件要有一定的成績要求，轉學則不同。有些乙校的學生想要轉學甲校，甚至要就讀不同的科系，就會到甲校的特定系旁聽上課，並打聽轉學考的科目和可能命題的老師，考研究所也是如此。其主要的原因是轉學和研究所入學考試沒有聯招制度，都是各校自行舉辦考試，因此，若能掌握各校各系的特色和相關的資訊，其困難度自然要比大學聯考低。

轉學考試給大學生帶來了就學的重分配機會，私立大學的學生有很多人經由轉學考試轉入公立大學就讀，目前值得注意的是夜間部向日間部流動，科大及技術學院向綜合大學流動，因為社會上的評價日間部要比夜間部高，一般的綜合大學要比以強調技職的科大及技術學院要好。我國的教育制度在高中階段區分高中與高職。國中畢業後要升學通常要參加國民中學學生基本學力測驗（簡稱基測）。基測的分發成績，高中要比高職高，也塑造了社會上高中優於高職的印象。然而高職生要繼續在技職體系升學，主要是參加統一入學測驗（簡稱統測），考試的科目和內容，和升大學的學測有所不同。因此，高職生若想就讀一般的綜合大學，他就必須參加學測，以申請方式入學或參加大學指定考試靠分發入學。不過這些都有一定的難度，因為高中與高職的教學內容有明顯的差異。

由於大學的轉學生主要招收大二及大三的學生，有些轉學生要修的科目很多，無法在正規的年限畢業，就會形成降轉。降轉的學生也包括轉系和轉學。轉學生從不同的學校轉來，要重新適應新的校園文化和建立新的人際關係。但有少數的轉學生和轉系生未能融入於新單位，終其畢業仍是形單影隻。轉學制度對大學院校的衝擊都表現在開學的註冊上，明星大學的缺員會因為轉學而得到填補，但對許多大學院校來說，在註冊開學之後，普遍看到的是陸續在遞補備取生，對有些學校來說，備取生可以遞補到數百名之後，甚至備取生全部備上後，仍有大量的缺額，因為有些考生他同時參加了日間部和夜間部的轉學考，大量佔用了員額，最後只能選擇一個校系就讀所致。有些學校更會因為轉學考的制度，使招生問題雪上加霜。

一些招生問題嚴峻的大學早已面臨學雜費收入不敷支出的窘境，其在學的學生對於學校的前途亦甚憂心，多半利用轉學的機會轉至他校就讀，使得這些學校在開學時產生舊生大量流失，而新生又有大量缺額的困境。在退場機制尚未完善的情況下，這些招生問題嚴重的學校只有苦撐，並期待有開發其他學生來源的機會。大學生的轉學會受到同儕、舊日同學、父母親及所居住地域的影響。通常大學的地理位置在人口少、交通不便的偏遠地區或山區，其因轉學所流失的學生也就愈嚴重。

沒有轉系和轉學的考量後，對大學生來說，就只有如何在學校完成學業取得學士學位。對有些大學生來說，只要混到一張大學文憑就好，這種想法從過去到現在都有，也有少數的人認為不一定要完成學業，這種想法目前的大學生也逐漸開始接受。在美國Microsoft的創始人Bill Gates在哈佛大學也沒有完成學業，蘋果電腦的創辦人Steve Jobs在Reed College讀了一學期後退學，後來都成為全球資訊產業的鉅子，在台灣三、四十年前常翹課去號子炒股票的大學生，有些在今日成為商場上的強人，念大學對這一類型的學生來說，課堂上的說教遠不如實戰所帶來的收穫。

對有些大學生來說，將來畢業之後能找到一個穩定收入又不錯的工作是他們所期盼的，這一類型的學生會比較用功，並注意課堂上的學習，每門課都會認真做筆記，也經常上圖書館K書，通常他們會有自己的計畫，或出國留學、或報考研究所、或參加國家考試、或各種證照考試。這一類型的學生通常比較會按部就班，想出國深造的人在學期間就會去補TOEFL、GRE或GMAT，積極和有留學經驗的教授諮商，並維持很好的關係，以便日後能得到教授的大力推薦。想考研究所或參加各種考試的人會到升學補習班或公職考試補習班去補習。

有許多學生認為補習會很有成效，但很多人也忽略了一個事實，畢竟去補考研究所及公職考試的學生，落榜的比率是佔絕大的多數。研究所及國家考試的命題及閱卷委員多是大學的教授，現在國家考試為講求公正與公平，試題多由題庫中抽選再由委員審題，較難被外界猜測。大三與大四的學生比較有面對升學或就業的壓力，因此，是否上補習班就會聽別的同學或學長的意見。偏遠地區的大學生上補習班的人數較少，而都會型的大學生上補習班的人數相對較多，這主要是交通上的原因，另一方面都會型的大學生在補習班打工兼任導師的情況也多，也對學校內補習班的招生產生了宣傳上的影響。

為了提升就業的競爭力，許多大學生會思考雙主修或輔系的問題，由於有些學生決定雙主修或輔系的時間稍晚，導致延畢，這就個人的經濟效益來說，並不划算。由於當今全球化的趨勢非常明確，有國外的學位往往有一些職場上的競爭優勢。為了雙主修或輔系而延畢一年，不如到國外去拿另一個碩士。以英國來說，許多科系的碩士一年就可以拿到，在美國有一些大學的碩士只修課，不寫論文，同樣一年左右就可獲得碩士學位，有國外碩士學位的人通常會在外商機構或外文補習班任職。

從大一到大四，大學生從一個受到家長關心保護、需要老師學長指點，成長到一個自我負責、自我管理、有決策能力的個人。大一入學時，通常會懷著既興奮又新鮮好奇的心情入學。校方多會安排新生暨家長說明會或親師座談會讓新生及家長了解校園的生活及修業的規定。家長關心的議題主要有修課、上課環境、住宿交通及校園安全等項。新生最關心的多半集中在選課的問題，尤其是目前很多大學多存在電腦選修通識課程的問題。因為有些通識課程很熱門，又開放給全校學生選課，在電腦選課時間一到，馬上擠爆，根本選不上，迭遭抱怨。

大一新生剛入學對選課所知道的不多，資訊多來自學長姊，加以大一必修學分多，選擇性並不高，各系的專業基礎核心必修課，多集中在大一和大二，到了大三選課的自由度會相對較高。對需要高分的成績以便申請

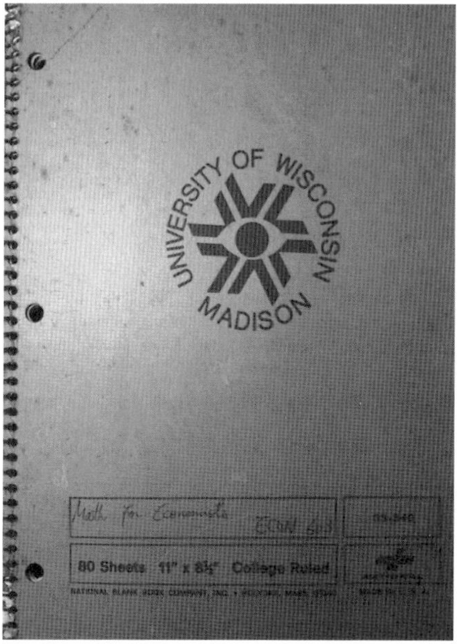

留學時筆記本

獎學金或將來出國留學的同學來說，選修一些分數高、負擔輕的營養學分課程是很有必要的。目前各校普遍實施對授課老師的教學評鑑，學生被當的比率也大為降低，導致各大學的退學率和國外大學相比有很大的差距。目前以公立大學來說，退學率超過三%已算是嚴重的了，在國外，因為學雜費很貴，老師想討好學生，學生學習不到東西就會不領情；台灣則不同，學雜費便宜好幾倍，比較不珍惜就學機會，卻比較關心能否拿到文憑。

若想要繼續升學或申請國外學校入學通常需要教授的推薦函，要取得教授的推薦函都要有修該教授所開設的課程，最好要讓教授有印象。因此，這一類型的學生通常課餘之暇，都會找教授請益，並和教授諮商生涯發展。這一類型的學生通常比較有發展方向，會訂定計畫，比較用功，比較在乎自己在學業上的表現，並積極爭取各種獎學金。但也有少數的學生在決定報考研究所後才決定全力衝刺，這一類型的學生有的成績並不很突出，只在報考研究所的少數專業科目加強，或上補習班惡補，是典型的急功近利型。

有的學生只志在拿到大學文憑，對在校成績的期望是可以畢業，每科求順利過關，這一類型的學生有的是因為生活上的壓力，必須花很多時間打工，沒有太多的時間念書，有的則是花很多時間在各式各樣的活動上，希望在大學中能夠留下美麗的回憶。打工這一類型的學生翹課的比例較高，導師和校方人員要找到他們比較困難，由於經常要打工的關係，也使得有些學生無法參與系上的活動，比較易與所屬的學系脫節。生活壓力大需要打很多工的學生，主要來自弱勢家庭，念大學是很大的負擔。與喜歡參加很多活動的學生相比，他們的大學生活相當規律化，念書之外，打工就是生活的重心。

大學生除了在課堂上的學習之外，必須有課後的複習方足以應付考試。由於各大學都有圖書館，除了借閱書籍外，尚有多媒體區，供念書之餘可做為休閒的場所。在多媒體區可借閱影片來欣賞，人氣最旺的地方應該是圖書館的自修室。有些大學的自修室或閱覽室是二十四小時開放，在期中考、期末考前的兩週幾乎座無虛席，一般的大學生應付考

韓國漢城大學圖書館

試，多在考前兩週前開始衝刺，這也是使用圖書館的最熱門時段。國外的大學圖書館為克服此一問題，有些採取電腦選座位的制度，對於使用的時段也有一些約束，以避免長期佔用，影響他人的機會。

韓國漢城大學圖書館座位預約電腦

考前幾週大學生找教授問問題的現象也會大幅增加，平時找老師發問的機會不多，這是台灣學生的普遍現象。在國外，學生在課餘找老師請教的機會很多，甚至學生在老師的研究室門口還要排隊等候。台灣的大學都有導師制度，學生在課餘之暇，也會去找導師諮商，諮商的主題多集中在生涯發展與人際關係。學校通常也會提供一些經費給導師運用，通常導師會找導生一起吃飯，連絡感情，最常見的方式是吃便當或各種速食餐又方便、又實惠。

除了念書之外，大學生的生活也可以是多彩多姿，很多大學在課餘之暇會舉辦各式各樣的活動。最主要的活動都由不同的社團主辦，目前各大學中熱門的社團為熱舞社、熱門

音樂社、國標舞社、魔術社等。三、四十年前大學中熱門的社團為吉他社、登山社、土風舞社、管樂社等，隨著時間的推移，社團的活動也起了一些變化，最近由於服務學習概念的興起，有些公益服務性質的社團也日漸受到重視。社團組織也會增加對校內空間的需求，有些大學空間比較充裕，有學生活動中心，可容納各式各樣的社團有自己的辦公室，社團的辦公室是凝聚社團成員的最佳場所。社團活動也是拓展大學生人際關係的重要管道。

目前也由於時代環境的變化，大學生也花很多時間在網路上。許多大學裡都有可以人手一部的電腦教室，老師上電腦課時，同學卻利用機會趁老師不注意時，進行網路線上遊戲，玩得不亦樂乎。各大學中宿舍網路的建置，不管有線或無線網路都很完善，因此宿舍生活中，上網佔了很大的時間。有些大學的宿舍雖然寢室都有晚上就寢熄燈的規定，但在熄燈之後，同學仍然樂此不疲地在上網，導致隔天早上無法早起，也會影響到正常上課。網路對大學生的影響是非常大的，有些訊息透過網路傳播後迅速爆紅，像台大、政大的N姬、豆花妹等，不但知名度大增，還躍上媒體。這些學生一下子成了公眾的焦點，也衍生了不少的商機，也接手了許多的廣告代言，為自己賺取了可觀的收入，甚至成為藝人進軍演藝圈，也引起了一些關注的話題。高學歷的人當藝人可不可惜？台大校長李嗣涔在畢業典禮時說有點可惜，他認為這些學生應該可以憑自己的內涵找到更適合的工作。現在的大學生和以前相比，價值觀也有隨環境的變遷而改變。

四十年前在民風較為保守的時代，許多學校在中學六年都少有男女合班上課，在青春階段的教育期間，男女的分際是非常明顯區隔的，在中學校園內不能談戀愛，違規者必須受罰。這些青澀的學生一升上大學，剛開始對異性都表現的非常靦腆，通常都是男生約女生相會，在校園內常見到女生宿舍圍牆外站著一群等候約會的男生，這種現象稱之為在女生宿舍站崗。早期雙方的聯繫，因為沒有手機，比較不像現在的方便，有些時候男生在宿舍外站崗一站就是超過半小時或一小時。通常女生會藉這種機會來磨練男生的耐性。

有些學校為增進新進新生彼此之間的情感和對

學校的認識，會要求大一新生住校。有些學生即使住家離學校較近，也喜歡有住宿的經驗。住宿有室友，可以有談吐的對象，由於生活在一起，許多不同的生活習慣，彼此仍然需要相互尊重和配合。剛開始入住時，通常家長都會很好奇和關心，因此家長會幫忙協助載運一些民生必需品入住。有些大學為了提供更好的服務，會在新生入住的時段，請廠商在校園內販售基本的民生用品。其實對住宿生的家長來說，他們比較關心的是宿舍內的讀書與生活環境，和校園是否安全，對外交通是否方便。

住校對大學生來說，是一個非常難得的經驗，從過去生活都受父母親呵護，要變成一切自己打理，剛開始新的生活又要建立新的人際關係，難免會有一種失落感，由此種新的生活經驗，慢慢體會出家人的重要性，就會開始規劃何時可以返家小住幾天。離家較遠的學生通常無法利用每週末回家，多半會考慮放長假或考試剛完畢時返家。早期住宿的規範比較嚴格，有些學校教官還在就寢前巡房，解嚴之後，教官的角色重新定位，宿舍生活比較自由。早期每晚在教官巡房後會全部熄燈，有些同學意猶未盡會使用手電筒或點蠟燭，又怕教官查房，一有風吹草動，

北京航空航天大學的體能測驗場

就非常緊張。熄燈的目的之一，在養成同學規律的生活習慣，但未必能達成此一目的。中國的大學，有些住校生要參加統一的晨操，以鍛鍊堅強的體魄，北京航空航天大學則要通過體能鍛鍊走廊的測試才能畢業。台灣的大學生習慣晚睡晚起，十點鐘還在吃早餐是司空見慣的事。

許多較高年級的大學生，因為已經有住校經驗後，想改變居住環境，便會搬離學校宿舍，在校外賃居。由於校內宿舍最常見的是四人共處一室，若彼此生活習慣不同，還得彼此相互適應對方。在校外賃居可以找到一人一房，可以有自己的隱私，並圖個清淨，有一個較不吵雜的念書環境。然而近年來喜歡在校外賃居是校外住處比較自由，有隱私，可以和異性伴侶同居，更可以打麻將，也沒有門禁。不過在校外賃居，費用較高，經濟情況好的同學可以租到較好的房子，而經濟較差的同學只能租設備簡陋，空間狹小的房子，並沒有自己獨立的衛浴，安全

性也比較差。

許多大學為鼓勵學生有國際觀，讓學生有機會體驗在國外的生活和學習，便和國外的大學建立交換生的制度。交換生可以是一學期或一學年，教育部和一些大學對於交換生有提供補助。當交換生的最大收穫，是開拓了學生的國際視野，然由於交換的時間不夠長，語言的進步有侷限性，但至少比較敢開口說外語。

有些交換生因為在國外生活時有了經驗，也對國外的教育環境有充分的了解，因此在大學畢業後，仍有許多學生申請負笈到國外的大學深造。目前在台灣各大學中仍有許多外國來的交換生或留學生，這些外國來的交換學生或留學生和本地的學生建立了深厚的感情，有些甚至

論及婚嫁，形成跨國聯姻。

這些外籍學生多半享有大學提供的免學雜費，或教育部的獎學金之優惠待遇。近年來由於教育政策注重國際化，導致台灣的各大學都在衝高外籍學生入學的數字，使外籍學生的素質良莠參差不齊，甚至較差的外籍生都可以領到獎學金，也加深了本地學生不平的情緒和反感，甚至有仇外的情緒在網路上散播。目前各大學也在檢討外籍學生領獎助學金的標準，入學條件也逐漸嚴格。

其實一般來說，來台灣的外籍生在早期多以學習華語為主，後來逐漸擴展到其他專業領域的學習，加以近年來台灣許多大學致力國際化，有一些全英語授課的學程陸續出現，吸引了不少外籍生申請就讀。歐美地區來的外籍生有些會兼英語家教或英語補習班的教學工作，以增加其收入。發展中國家來的外籍生，課餘之暇，多會爭取打工或工讀機會，這種情況以東南亞地區來的外籍生最為普遍。打工的時間太多，也會影響到大學生的社交活動。這也是外籍生要完全和本國生融合在一起不容易的原因。

大學生的社交活動隨時間和環境的改變，也起了一些變化。早期的大學生較少，多以兼家教為主要的副

業收入，課餘時間會參加許多社團活動，到了寒暑假，最熱門的活動就是參加救國團所主辦的各種營隊，像各種戰鬥營和各種健行的營隊都吸引不少同學參加。

後來因為救國團角色的調整與資訊科技的進步，現在的大學生校內外的交友和社交活動主要是藉助網路。尤其是Facebook興起之後，伴隨許多資訊傳播功能，迅速在大學生中流行。除此之外，大學生的社交活動也會經由系上的公關辦理與他校或他系的聯誼活動，甚至經由此種聯誼活動去抽異性的學伴，增加一些交流的機會。

早期的大學生因為理工科系絕大多數都是男生就讀，因此系上的公關會把目標放在女校，當時民風較為保守，像銘傳、實踐、靜宜等大學的前身都是純女子學校，因此也都獲得理、工、生、醫等自然科學領域男生的青睞，所辦的社交活動中，舞會最會被這些男生所期待。目前各大學多為男女合校，校際之間的活動，主要以相近的科系所組成的各種球類比賽，例如企管盃籃球賽等。現在的大學生在課餘也投入了一些社會團體的活動，由於時代的進步與思想觀念的改變，學生開始走出象牙塔，當愛心志工服務社會，有些也積極投入社會運動團體，積極參與社會運動，並走上街頭，提出訴求。這些都是社會民主化後，對大學生產生了一定程度的影響。

研究生差很大

研究生差很大

四十年前大學的師資，博士學位所佔的比率低，有許多大學老師只有碩士學位，甚至尚有一些老師是由大學畢業後，留校擔任助教，再經由著作升等，一路升到教授。在這種時空環境下，研究所的數目不多，招生的人數也較少，特別是博士班畢業，由教育部授予國家博士的學位，彌足珍貴。直到一九八〇年代，在國外獲得博士學位的學人大量歸國，充實了各大學的師資，特別是在各國立大學，因此有了充裕的條件可以大量在研究所擴張，各研究所也如雨後春筍紛紛設立，從碩士班發展到博士班，不再有國家博士，並與系結合在一起，而成為系所合一。

早期的研究生因為人數少，相對可以享有比較多的教育資源，研究生可以不用繳學費，只要繳一點雜費，並每月享有獎學金，生活壓力不像當今這麼大。因此當研究所的學生不會給家裡帶來太大的壓力，多半可以自食其力。再說，大學畢業了，在當時的年代，自力更生的觀念普遍存在，大多數的研究生不會向家裡要求像大學生一般的經濟支援。現在的研究生因為大環境的改變，研究生人數暴增，使得研究生除了要繳學雜費之外，獎學金的機會也變少了，而且是要當助教或研究助理才有，這和早期領獎學金不必有任何義務的負擔，有很大的不同，真的是差很大。

研究生與大學生最大的不同是研究生年齡比較大，思想及行為模式比較成熟。通常男大學畢業生有服兵役的問題，有些應屆畢業的男生考上研究所之後，為銜接將來研究所畢業之後的就業問題，就會先申請保留學籍，入營服役，待退伍之後，再就讀研究所。由於多年來預備軍官有考選制度，在過去沒有考上預官的都會優先考慮就讀研究所，因為曾經有一段時間，軍方的政策是研究所的畢業生可直接服預官役。但後來因國軍人力精簡，加上研究所畢業的學生大幅增加，因此研究生也必須參加預官的考選。有些研究生則選擇一路念到博士畢業再去服兵役，其缺點是年紀較大，在服兵役時體力會較差。

目前由於廣設大學，造成大學生的人數眾多，大學的學歷變成非常普遍，加以研究所也大量擴張，研究所入學的人數雖然增加，但報考的人相較以往，在總量上有所增加。但值得注意的是，由於博士班擴張太快，未考慮市場的需要，導致近年來流浪博士大為增加，也成為輿論討論的話題。當前即便是全台頂尖的台灣大學，在博士班的招生上，有些系所也面臨招不足學生的困境，當然也會連帶影響到這些系所在學術上的發展。目前碩士班的入學情況要比較好一些，由於軍公教體系的人員，在研究所畢業後有加分及加薪，因此鼓勵軍公教職員在公餘之暇繼續攻讀研究所，因而在晚上及假日上課的碩士在職專班就成了他們的最愛。

研究生在學校的學習和大學生有很大的差異。由於研究所畢業的基本學分較少，因此修課的數目，每學期也相較少很多。然而研究生所修的課會比較吃重，每科要讀很多文獻，也有考試或交期末報告，又要撰寫學位論文，通過口試，論文修正之後才能畢業，也因為負擔沉重，研究生的生活比不上大學生的多彩多姿，再加上各大學也無法像美國的大學一樣，能提供全額的獎學金，讓他們在生活上無後顧之憂。也因為如此，使許多全職在學的研究生想盡辦法能找到可以給予經費支持的教授，去當其教學助理或研究助理。但是碩士在職專班的學生多已是在職進修，在經濟上比較沒有壓力，逢年過節還會有能力請教授吃飯或送禮物。

現在的全職研究生要繳學雜費，他們的收入若單靠各大學所提供的TA（Teaching Assistant助教獎學金，簡稱TA）或RA（Research Assistantship助研獎學金，簡稱RA）的獎學金是難以應付生活所需。因此，很多研究生都需要兼職，校外的兼職有教補習班和當家教比較常見，校內的兼職主要是老師研究計畫的助理，因為研究計畫都會編列聘用研究助理的經費。現在各大學對教師的評量，通常都會考量有無承接國科會所委託的研究計畫。因此，各大學的教師莫不以能爭取到國科會的研究計畫為目標。國科會所委託的研究計畫不在少數，因此也能提供許多研究生參與的機會。通常國科會的研究計畫持續期間至少一學年，有些計畫更是跨越好幾年的整合型的大計畫。其他機構所委託的研究計畫有長有短，短則數月，金額也較低，對研究生助益較小。

研究生當教授的助理，每人的命運和待遇各不相同。領校方助學金的助理通常按工作時數計酬，收入較低，也難以糊口。通常他們會再和教授積極爭取有參與研究計畫的機會。由於計畫助理可以按月計酬，穩定又踏實，又可和教授一起工作，多半後來會發展成為指導教授和論文撰寫的師生關係，並加入師門。在國內外各大學，比較有名氣的教授資源多，曝光度也高，手頭的計畫也多，可以有很多研究生充當助理，這也是許多研究生要積極爭取的對象。但是對剛拿到博士學位任教的老師來說，多半只申請國科會的研究計畫，由於知名度較低，要爭取其他計畫較不容易，也需要時間的歷練，旗下的研究生通常也相對較少。

有當計畫助理的研究生會稱主持計畫和論文指導的教授為老闆，每個老闆個性不同，要求不同，看法不同，也讓各個研究生的命運和待遇不同，最常見老闆交付的事項就是文書處理與研究計畫的報帳，教學助理最常見的就是監考，評分閱卷與帶領實習課。當然超出這些範圍項目，也因不同的老闆而林林總總，比方說有些年輕的老闆會請助理去接在幼稚園或小學的小孩放學先到其研究室，這種情況會出現在有附設幼稚園和小學的大學可以見到。為了在接送途中不節外生

9:00 唸書
10:00 教學助理
12:00 幫老師買便當
13:00 監考
15:00 評分閱卷
16:00 計劃報帳
17:00 去安親班接大少爺
18:00 帶二位少爺吃飯
19:00 去研究室

枝，有些助理還必須取悅或哄其少主，早點返回老闆的研究室，以順利完成老闆交付的任務。

有經費支持的教授因為旗下有很多研究生，有需要向學校租用研究和辦公的空間，並以租金的方式向校方支付，較少經費的老師通常會把助理放在自己的研究室，一方面代為接聽電話，一方面親自交付任務也比較方便。雖然有些大學會給研究生在校時一個空間，但校方給的空間多半是許多研究生同聚一室，比較吵雜。若能當教授的助理，也在教授的研究室工作，又可運用一些資源是比較理想，但唯一的顧慮是和老闆相處的時間較長，也必須適應老闆的個性和作風。

有些老闆喜歡交付很多工作，把研究生當私人助理來用，也超出了應該工作的範圍，助理也會比較辛勞，敢怒不敢言。不過有些老闆雖然對研究生助理很操，但遇到歲末或節慶也會大方地感謝助理的辛勞，絕不吝嗇，而助理經過老闆的慰勞，心裡也就比較舒坦得多。對許多教授來說，博士生助理遠比碩士生助理好的多，雖然博士生助理的薪資較高，但比較可勝任吃重的研究工作，也是頗受老師歡迎的主要原因。博士生助理比較能撰寫學術論文，加以各博士班都有明文規定要博士生發表一定的論文才能畢業，因此，許多博士生都和指導教授共同合作發表論文，以期能順利畢業，而指導教授也因共同發表論文，而增加其在學術上的表現。晚近由於國內的學術環境非常重視教師的論文發表，曾有某大學的一位副教授因十八年未發表一篇論文，不管其已經獲得兩次教學特優，校方仍然予以不續聘，並得到教育部長的支持，可見一斑。在這種環境下，老師更有更多的誘因和博士生共同發表論文，有指導較多博士生的教授往往能生產更多的論文，也常被戲稱為論文製造機。

理工自然類科的研究生由於做實驗的關係，經常會待在實驗室，這和非理工自然類科的研究生不同，有時候，一做實驗，時間就會拉得很長，因此生活較不正常。若實驗有好的結果，可以在國際學術會議上報告，也可以發表在學術期刊。近年來，教育部及各大學或多或少都有一些激勵措施，鼓勵研究生參與國際學術會議和發表論文。研究生能和指導教授共同出國參加國際性的學術會議，是一個難得的經驗，也拓展了國際視野。

研究能力不錯的研究生有時候會被他的老闆留久一些才畢業，老闆會交付很多研究主題，讓很多研究生的論文可以拆成好幾個主題，以利於撰寫較多篇的研究論文，以便能投很多篇的稿。典型案例是有些研究生的學位論文是由三篇論文合輯而成，一本學位論文可以有三篇文章可以投期刊發表，也是一魚多吃。近年來政府有提供博士後研究的職缺給各大學，因此，有些教授可以接受學生畢業，繼續留在身邊，以博士後研究的身分繼續參與共同研究。

早期研究生不管碩、博士生都有參加學科考試，學科考試通過之後，才能進入論文階段。過去的學科考試比較嚴格，兩次同一學科沒有考過，會面臨退學的命運。每次學科考試如臨大敵。後來因時代環境的變遷，很多碩士班都取消了學科考試。雖然目前仍有許多博士班仍保有學科考試，不

過通過率已提高，加以著重研究論文的關係，許多博士班對學生論文的發表採計點制，要達到一定的點數才能符合畢業的要求。學科考試的命題閱卷委員主要是博士生上核心課程的老師再加上校外的委員。在考前有的會列出要閱讀的文獻及教材以利學生準備。

對研究生來說，找論文指導教授及選定論文題目會花費一些時間。有些研究生會請指導教授給予一些靈感，有些則是自己整理一些研究題材，再與指導教授討論。有些大牌的教授因為外務多，又拗不過學生的要求，才答應擔任指導教授。不過這一類型的指導教授多是「名義型」，而真正負起指導教授重任的，多為校內的專任老師。近年來，由於教師評量制度的落實，教師研究成果的發表就變得相當重要，因此，大學教授對雇用博士生擔任助理的需求也增加。有些教授甚至在系上爭取成為擔任博士班必修課程的老師，以利其多認識博士生並為其所用。

有些研究生是先選定論文題目再尋找合適的指導教授，這一類的研究生自主研究性較強。有的研究生因為經濟壓力較大，會先考慮能給經費支持的教授，因此研究的論文也會配合教授，或接受教授給定的研究題材，這一類型的研究生會先選指導教授再決定題目。綜合來說，研究生選指導教授的考量，不外乎是教授的學術表現，知名度，與是否有研究計畫，或是否任教有搭配TA的核心課程。有些較有名望的教授是許多研究生想要拜在其門下的對象，但現在各系因考慮指導教授對指導論文的品質有所顧慮，便訂有一學年內可以指導研究生論文的人數上限，造成有些研究生在入學後不久即表達要找其當指導教授的願望。

早期研究生人數相對較少，師生關係也比較密切，老師與學生的師徒關係比較明顯，因此在學生畢業時，老師也會幫學生找工作，過去我在政大東亞研究所念碩士班時，住在國際關係研究中心內的東亞所宿舍，免住宿費，又有多項獎學金可拿，吃飯又能以很低廉的代價在國際關係研究中心的餐廳搭伙，在畢業時，曹伯一所長又給每位同學做出路的安排。當前的情形則無法和過去相比，我們所看到的都是每位研究生畢了業都很努力地自己找工作，頂多請指導教授寫封推薦信，因為現在的時空環境已不大合適關說，反而要靠研究生提升自己在職場的競爭能力，才能脫穎而出。

比較沒有經濟壓力的研究生就是碩士在職專班的學生。這一類型的研究生通常白天都有全職的工作，最受矚目的當屬商學院或管理學院所設的碩士在職專班也叫EMBA班。這一種班大量招收業界的精英幹部，上課方式又有許多企業個案討論，課餘又有許多聯誼活動，雖然學費很貴，但也能吸引很多人報考。早期的EMBA吸引了許多企業高級領導幹部、律師、醫生、民意代表、將官來就學。不過近年來，又衍生了AMBA及IMBA班使得商管領域的碩士在職專班有了更多的形式。AMBA是Advanced MBA、IMBA則是 International MBA。由於碩士在職專班愈設愈多，使得高階人才報考有日漸下降的趨勢，取而代之的則是在職場低階的員工有日漸增多的趨勢，這也表現出高階人才報考的學生來源正逐漸減少。

由於在職人士來就學，除了白天的辛苦工作之外，晚上又要抽空來當研究生，可說備嚐艱辛。工作晚，常遲到是在職專班的普遍現象，由於學費較貴，碩士在職專班的學生會比較珍惜得來不易的求學機會。也由於碩士在職專班的學生都有職場經驗，任課教師在實務面的挑戰會比較大，剛拿到博士學位的助理教授不太能勝任在碩士在職專班上課的需求。通常在碩士在職專班上課的老師多以資深而有名望的教授出任，理論與實務兼備才能符合碩士在職專班學生的期望。

許多大學對特定的碩士在職專班的學生加以分組，通常以職場上工作職位的高低，區分為高階組和一般組，高階組通常在職場上有相當的決策能力，通常都是處長或副理級以上的人士，董事長、總經理、副總經理以及高階的文官像是司、處長以上都是這些專班招生對象的最愛。後來將官及高階警官也陸續加入。有了業界高階人士的加入，使得碩士在職專班的教學更重視教學內容及教學品質。

然而高階的學生平常工作較為忙碌，遲到、早退、缺課率也高，有些大學為了避免淪為學位販賣的形象，特別要求到課率，若缺席超過規定的次數就必須重修，有些高階人士因為離開學校的期間較長，再重拾書本須重新適應。更慘的是很多課程期末都要交報告，這些高階的學生有些都不常打字，因此，期末報告有很多是委託專人處理，對一個董事長或總經理級的學生來說，碩士論文是相當大的挑戰。全職的學生要完成一篇學位論文都要投入很多時間，更何況是這些非常忙碌的高階領導人，不僅如此，論文寫完之後，還要在論文審查時，向口試委員做簡報，並回答口試委員的提問。

一般來說，各大學對於這些高階的學生的確有比較寬容。高階的學生社會關係較佳，也掌握比較多的資源，所就讀的大學也期待這些學生對學校能有所回饋。有些高階的學生社會經濟地位很好，出門有司機隨扈，座車又是名車，因此，進入校園也會引人注意。碩士在職專班有了高階學生就讀之後，也使得各大學不得不對碩士在職專班的學生提供更好的服務。對碩士在職專班的學生，許多大學會提供免費的咖啡與茶包，並派專人從事與學生事務有關的行政支援。

碩士在職專班學生的論文常可見到和其工作單位有關。一方面是本身因為工作的關係，對工作上的議題比較熟，但這樣做，很容易淪為對該工作單位的研究報告，而導致學術性較低。有些想繼續攻讀博士學位的在職學生會有選擇學術的考慮，會少實務而加強學理的部分。需要很多時間投入的論文寫作，對高階的學生來說，其挑戰相當大。由於他們的社經地位較高的關係，在尋找指導教授的過程中，也有特別的考量，一般來說，高階的學生通常喜歡找有名望或有行政兼職的教授，而這些教授通常不太會拒絕，也會以能指導到這一類型的學生為榮。

現在的研究生和四十年前相較，由於人數眾多，加上當前碩士以上學位的人比比皆是，碩士畢業生的薪資普遍下降，博士畢業生目前也供過於求，而造成有希望博士畢業生去教高中的呼聲，這和以前只要博士畢業，在大學就可從副教授的等級開始任教，有很大的差異。今天的研究生和過去相比，有很多的困境，除了碩士在職專班的研究生原本就多有工作外，在職場上的競爭較為激烈，有些非名校的碩士畢業生就業仍然十分困難，即使是名校的畢業生、冷門的系所只有走向公教為上策，積極參與各種考試。

這十餘年來，由於研究所的大幅擴張，使更多的研究生投入學術研究的領域，也充當老師的助理，甚至成為與老師論文合著的主要撰稿人，帶動了台灣在學術研究論文上量的增加，現在台灣的學術界莫不以SSCI、SCI、TSSCI國內外引文資庫所刊載的論文數目為評量學術研究成果的依歸，許多大學也都以發表研究論文刊載在期刊上才能畢業為要求，造成許多研究生成為期刊論文的製造機，也對教師的學術研究成果產生了不可磨滅的貢獻。相較以往，研究生對學術研究的貢獻增加了，可是他們面對的有限的就業市場，尤其是博士畢業生卻是倍覺艱辛，百感交集。

大學教授差很大

大學教授差很大

四十年前大學教師的等級區分為：教授、副教授、講師及助教。大學畢業生可以擔任大學部實習課的助教，累積一段年資的要求後，可以提出著作，申請升等講師。具有碩士學位者可以用講師聘任，博

士學位則先聘為副教授，再累積教學年資，提出著作申請升等。在這種制度下，大學畢業生循此途徑可以升等到正教授。四十年後的今天，實習課助教一職已多由研究生取代，系所的行政助教已由職員或約聘人員出任。各校系為提高對教師的學歷要求，對講師的聘任既少又嚴格，對具有博士學位的教師又增加助理教授一級，由於具有博士學位的師資，因國內博士班的大幅增設，已造成供過於求，甚至有些大學對剛畢業的博士教師，以講師、約聘教師或專案教師的名義聘任。流浪博士已到處可見，有些博士無法找到專任教師的工作，不得不屈就於兼任，突顯高等教育供需的嚴重失衡。

大學教師的工作內容除了教學之外，尚有研究與服務，在教學方面，最早的教學形式以板書、上課講演及分發講義最為常見。早期的講義印製，先拿臘紙在鋼板上雕刻，刻好的臘紙再以油墨印刷，後來進步成用打字機打字再影印，再來

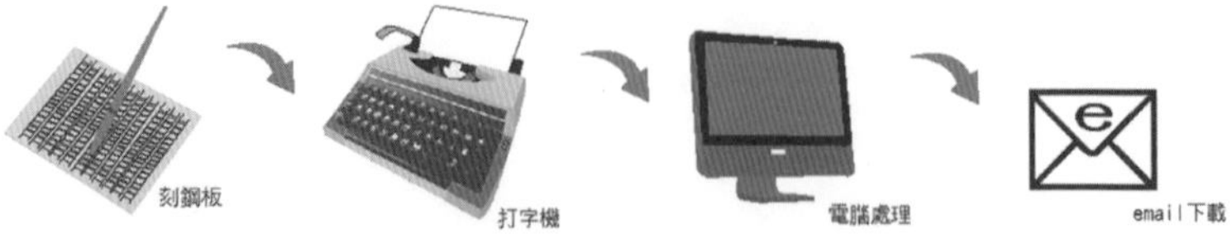

改成電腦文書處理再行列印，目前更進化到電腦處理文字、影音及簡報檔案，直接email到學生的電子郵件帳戶，或公開在教學網站上由學生自行下載。科技的進步，對教學形式的改善起了很大的變化。

早期因為教學輔助工具的欠缺，大學教師使用板書的時間相對較長，教學進度會受到一定的影響，隨著時代的進步，幻燈機投影片及電腦投影與E化教室的建置，使教學變得豐富與活潑。由於網際網路的發達，教學資料也很容易可以從網路上擷取，因此大學教師的準備授課，變得較為容易，也可多利用一些時間進行研究。更有進者，也有老師上課播放影片時，自己卻處理其他庶務，令人搖頭。科技愈進步，若老師的教材內容不變，教學也就愈益輕鬆。

然而真正影響大學老師教學的就是教學評鑑，教學評鑑通常會在學期結束前數週，由修課的同學對任課教師就其教學內容與教學態度和教學環境進行評量。有了教學評鑑制度，這在東方尊師重道的社會中，初期也引起了一些非議，幸好教學評鑑搭配教師的著作與服務構成升等的要件，使得教學評鑑制度更容易推動。早期各大學在沒有教學評鑑時，老師們都不知自己教學的優缺點，也不會去了解學生的感受。各大學在推動教學評鑑制度時，確實也遭遇到一些守舊觀念老師的抱怨。在我們傳統的尊師重道觀念中，老師具有相當的權威，只有讓老師管教學生，怎麼可能會讓學生評量老師？在時勢所趨，各校成功地推動教學評鑑後，有些教學評量不佳的老師會受到校方的關切，甚至調整其所開設的課程，或授課的方法，與評分的標準。

許多老師為取得教學評鑑的好成績，開始顧慮上課學生的感受。一般學生最在意的就是學期成績，因此，許多老師為了滿足學生的需求就會給予高分，這種情形以選修及通識課程最為常見。通常老師給全班高分的課程都會被同學視為在修營養學分。這一類的課程多半難度不會太高，也不會太過艱深。如果老師對修課學生人數設定上限，這一類課程在開放選課時就會搶破頭。如果老師任教的課程非常剛性，難度高，課後要花很多時間學習，吃力不討好，老師教學又難以讓人接受，上課若不能用一些方法吸引學生的學習，教學內容又無組織，教學評鑑自然不佳。如果該課程為選修課，修課人數不足，自然容易倒班，造成老師被學生死當的結果。

由於大學老師過去一直受教育部基本授課時數的規範，教授每週必須授課滿八小時，副教授及助理教授為九小時，講師則為十小時，也因為台灣各大學教師的薪資都比鄰近地區像日本、韓國及香港低很多，也促使許多大學老師的授課，要超過基本授課時數以賺取超鐘點費。EMBA及各種碩士在職專班如雨後春筍地紛紛設立之後，由於收費較高，給付的授課鐘點費用另計，也數倍於正常的超鐘點費，更造成了許多老師要在碩士在職專班授課的需求，對碩士在職專班所歸屬的院系造成排課上的影響。也曾經出現在職專班的授課收入加上超鐘點費，竟然比教師的本薪還高出很多的本末倒置現象。

大學老師的上課方式與內容形形色色，應有盡有。早期資深的人文法政領域的大牌教授多以口說講述為主，讓上課的學生勤奮地抄筆記。考試的內容又出自上課的筆記，容易造成許多同學平常翹課，考前只要借上課同學的筆記影印，稍加應付就能求得高分。有些教授的記憶力驚人，上課時兩手空空，只憑三寸不爛之舌，多年下來，歷屆學生的筆記幾乎雷同。早期有些老教授會從老舊的皮包中，取出泛黃的教材上課，歷久而不改其志。這些類型的老師上課時必須點名，才能維持較高的人氣，否則上課時往往會只有小貓兩三隻，確實很讓人灰心喪志。

從國外著名學校取得博士學位回台任教的老師，常會緬懷過去在國外奮鬥刻苦求學的時光。早期的留學生

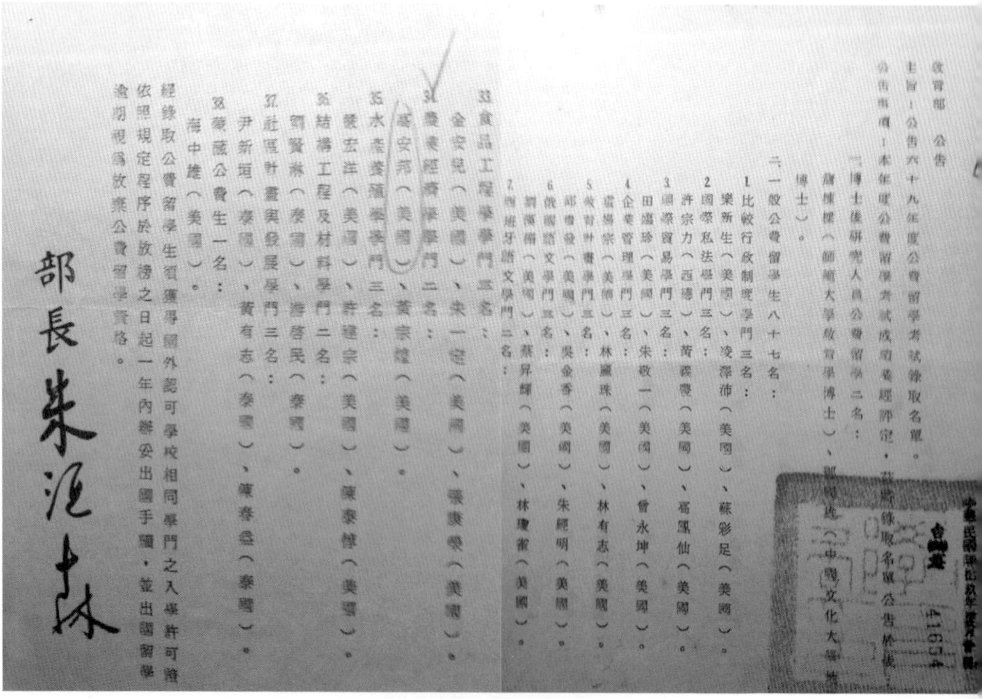

教育部 公告

主旨：公告六十九年度公費留學考試錄取名單。

公告事項：本年度公費留學考試成績業經評定，茲將錄取名單公告於後：

一、博士後研究人員公費留學二名：

詹棟樑（師範大學教育學博士）、鄭[illegible]（中國文化大學地[illegible]博士）。

二、一般公費留學生八十七名：

1.比較行政制度學門三名：

樂新生（美國）、凌澤沛（美國）、蘇彩足（美國）。

2.國際私法學門三名：

許宗力（西德）、黃森豐（美國）、葛鳳仙（美國）。

3.國際貿易學門三名：

田嫿珍（美國）、朱敬一（美國）、曾永坤（美國）。

4.企業管理學門三名：

盧陽宗（美國）、林麗珠（美國）、林有志（美國）。

5.教育計畫學門三名：

邱書發（美國）、吳金香（美國）、朱經明（美國）。

6.俄國語文學門三名：

劉漢樹（美國）、蔡昇輝（美國）、林瓊衛（美國）。

7.西班牙語文學門二名：

33.食品工程學學門三名：

金安兒（美國）、朱一宏（美國）、張惠榮（美國）。

34.農業經濟學學門二名：

葛安邦（美國）、黃宗煌（美國）。

35.水產養殖學學門三名：

饒宏洋（美國）、許褔宗（美國）、陳泰樺（美國）。

36.結構工程及材料學門二名：

劉賢淋（泰國）、游啓民（泰國）。

37.社區計畫與發展學門三名：

尹新垣（泰國）、黃有志（泰國）、陳春益（泰國）。

38.蒙藏公費生一名：

海中雄（美國）。

經錄取公費留學生須獲得國外認可學校相同學門之入學許可證，依照規定程序於放榜之日起一年內辦妥出國手續，並出國留學，逾期視為放棄公費留學資格。

部長 朱匯森

公費留學考試錄取名單

因台灣經濟正處於大力發展時期，國民所得仍低，在國外求學時，都努力讀出好成績以爭取TA或RA獎助學金。若未能如願，最常見的就是在當地的中國餐館打工，取得收入。比較上，生活沒有後顧之憂的就是教育部的公費留學生及拿國民黨中山獎學金或海外工作會獎學金的留學生。留學生出國深造除了遭遇文化的衝擊之外，還要處理自身的生存問題，經常會有深刻的記憶，這些都構成了他們在返國任教時，在課堂上想呈現的一些經驗內容，這些對台灣的學生來說，會有一些新鮮感，並產生對將來出國留學的憧憬。

有國外學位的老師，他們上課喜歡用原文本的教科書，上課時中英文夾雜，穿著也比較隨興，甚至有穿牛仔褲來教課的，這也許受到在國外時就學的影響。具有國內學位的老師則會受到其指導教授的影響，上課會採用其指導教授的著作。除了少數例外，國內學位的老師多屬國際化能力相對較弱，但近年來由於

SCI、SSCI的強調，有許多國內訓練的博士教師都能在國際期刊上顯露頭角，但外語教學能力仍有待加強。

資深教授多半擔任基礎學科的講授，因為他們閱歷較廣，經驗比較豐富，能夠使學生在基礎學科中獲得較多的啟發，而年輕資淺的博士老師，在專業的訓練上側重於學科的最新發展，需要一段時日的歷練，才適合講授

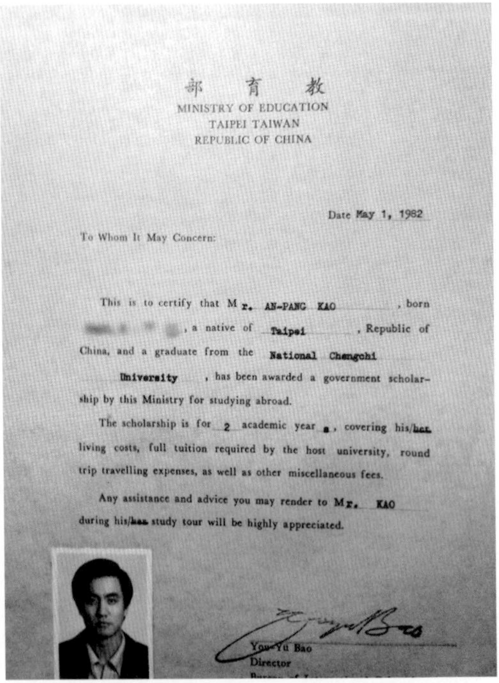

部　育　教
MINISTRY OF EDUCATION
TAIPEI TAIWAN
REPUBLIC OF CHINA

Date May 1, 1982

To Whom It May Concern:

This is to certify that Mr. AN-PANG KAO, born [redacted], a native of Taipei, Republic of China, and a graduate from the National Chengchi University, has been awarded a government scholarship by this Ministry for studying abroad.

The scholarship is for 2 academic years, covering his/~~her~~ living costs, full tuition required by the host university, round trip travelling expenses, as well as other miscellaneous fees.

Any assistance and advice you may render to Mr. KAO during his/~~her~~ study tour will be highly appreciated.

You-Yu Bao
Director

教育部公費留學獎學金得獎證明文件

基礎學科。資深教授也因為沒有升等的壓力，會把注意力放在研究計畫上。他們也樂於在研究所開課，以方便尋找研究生充當其研究助理，並執行其研究計畫。年輕的資淺教師因為有升等的壓力，除非不得已，通常會希望減少授課時數，使其教學負擔降低。為了教學與研究相輔相成，有的老師甚至不管學生對象為何，或是否適當，而把研究的成果或內容直接充當上課的教材。有的老師為了減輕教學負擔，不需花太多的時間準備授課，甚至要求學生輪流上台報告，也許是學生的報告平淡無奇，甚至出現了老師在台下打盹的怪現象。

解嚴之後，言論更加自由開放，也興起了學生運動。大學老師在課堂上也大肆論政，甚至排擠了正規學生學習專業領域的時間。除了在課堂論政，大學老師也躍上了媒體，不論是投書到報紙或上電視論政節目，都打開了他們的知名度，甚至成了政務官的人選。也許是外務多的關係，有些老師會遲到早退，經常調課，屢見不鮮。除了在課堂上談論時事外，一些大學老師也在課堂上談論校園。特別是教授治校的觀念普及在國立的大學校園中，教師參與校內各種會議的機會增加，也提供了他們在課堂上談論的題材。有些老師會利用上課宣導學校政策，但也有些老師會站在學生的立場，鼓動學生和學校抗爭，一旦涉及師生權益，這種情況就會更加明顯。曾有一班兩個導師為了應否強制收取系學會的會費激烈爭吵，其中資深的導師過去在校時曾教過較資淺的導師，由於立場不同很難妥協，甚

至大打出手，結果資深的導師不敵負傷，並一狀告到法院。校園更加自由之後，也產生了一些意想不到的問題。

對大學教師來說，影響他們最大且最深的就是研究。因為有研究成果、論文被接受刊登才是教師升等的最重要考量條件。國立的明星一流大學都屬於研究型大學，只有研究型大學，大學的學術聲望才會高，這種情形全世界皆然。研究成果的最主要指標就是論文發表的篇數，論文的品質，教師論文被引用的次數，以及教師研究獲獎的次數與研究計畫承接的案件數。

早期大學教師的研究不大被強調，因此有些老師以撰寫教科書為升等的代表著作。當前台灣各大學已普遍強調要有期刊論文著作才能升等，為確保升等者的研究品質，在初期以有匿名審查的期刊，進一步演進到有收錄在一些引文資料庫的論文期刊才能納入升等的評量。因此，像國外的引文資料庫SCI、SSCI、EI、A&HCI內有「I」的期刊就成為大學老師日夜努力撰寫論文所要投稿的目標。

由於要投稿國外各種有「I」的期刊，對英語撰寫論文自有一定的要求，影響所及，創造了許多老師需要英文譯稿改稿。也

吸引了一些在台灣的外籍人士投入了幫人譯稿、改稿的服務行業。有些老師外語能力不足，就會集中全力去投稿國內有「I」的期刊。因此，近年來國內有「I」的學術期刊因為投稿的多，退稿率也增加。由於各大學對老師都有績效評量，也比較接受研究的論文在有「I」的期刊上發表，以折算研究分數，造成一些大學對老師開設如何投稿國外期刊的相關研習課程，以提升老師投稿的刊登率和學校的學術聲望。

然而，亦有老師不循正規研究途徑撰寫論文，另謀雇用槍手代勞，或運用研究生的研究成果，以指導教授為名，讓其發表。令人驚訝的是：有老師向中國大陸雇用槍手為其撰寫論文，但該槍手卻上網下載某一篇期刊論文，稍加修改作者姓名後就投稿至另一期刊，待東窗事發後，該雇用槍手的老師被證實重大違反學術倫理，不得不自行去職。

由於期刊論文的發表可以計入教授升等評量中研究項目的分數，有些老師認為共同組成研究團隊，透過集體智慧進行研究要比孤軍奮鬥更有成效，在這種情況下，大量的合著論文不斷地湧現，也產生了貢獻度認定的問題。有些老師為了避免研究評量不能通過，也會要求和其他老師共同掛名發表。人際關係較差的老師要找人共同合作掛名，會有一定的困難。有些年輕的教師為

尋求論文發表順利，也會找資深有名望，在學界頗負盛名的教授共同從事研究發表，以增加其上壘的機率。

對大學老師來說，為了增加研究資源都會努力爭取研究計畫。研究計畫的委託單位包含了政府及非政府部門。政府部門的研究計畫主要來自國科會及其他中央部會與地方政府。在大學的各種評量中，國科會的研究計畫會被計入研究的績效表現，因為國科會的研究計畫鼓勵學術上的研究，而其他政府機關的委託研究大多會和政策導向與實務有關，比較偏向於政策或技術報告。

大學老師在爭取研究計畫時，都會編列一些費用以支援研究所需，並增加自己的收入。主要編列的費用有：⑴研究人力費包括主持人的主持費、研究人員及助理的酬金。⑵耗材、物品及雜項費用。⑶研究設備費。⑷差旅費。⑸管理費等。早期個人電腦剛開始應用時，許多老師都將電腦及印表機列為必須申請的研究設備。隨著時代的演進，所申請的電腦從桌上型變成手提型，印表機也升級為多功能的雷射印表機。在過去，一些老師為了賺取收入，以配偶、親朋好友或學生的名義申請各項研究人力費用，實際上申報的人頭卻無從事研究或助理工作，使得一些學生的家長在收到扣繳憑單時才知道真相。晚近，由於國科會計畫的報帳弊端陸續被揭發，各機關及各大學均在報帳審查時從嚴，此種情況才獲得改善。

有些老師會把研究計畫的成果轉成參與各項學術會議的論文，或投稿至各種期刊，通常這一類型的老師多是承接國科會的研究計畫，其學術性較高。政策導向的研究計畫和技術報告其學術性較低，研究期程較有彈性，通常計畫金額要比國科會的計畫高，因此，也讓許多大學教授樂於承接。公家機關所委託的研究案，通常報帳程序較為繁瑣，有些計畫主持人經常要先墊付一些費用，等到計畫結案後一段時日，才能將所有應該領取的款項領齊。研究計畫也有機會成為提供老師出國參加學術會議的補助，大學老師參加國際性的學術會議通常會先向國科會申請補助，但國科會的審查較嚴，通過的比率較低，因此有些老師在申請各項計畫時會編列參加國際性會議或出國考察的費用。出國考察費用的編列，常見於政府各機關的委託研究計畫中，這也是許多老師出國費用的主要來源。

許多研究計畫都允許提撥計畫總金額的一定比例給大學充當管理費。有些大學會把研究計畫中所收取的管理費，部分回饋給計畫主持人所屬的系和院。這些都成為系和院額外經費的來源。因此院系內若承接研究計畫案件較多，管理費的提撥也相較充裕，可以用於各種活動。管理費的核銷比較沒有限制性的用途，且比較方便報帳。研究計畫的管理費除了回饋一部分給所屬的院、系之外，也會回饋一部分給計畫主持人，計畫主持人在這方面的運用，也比較有彈性，可以有更多的資源。

由於研究計畫都會聘任專兼任的助理，也會使用相當的耗材。通常兼任的助理多為計畫主持人所指導的研究生，而專任助理會用招聘的方式，多半從事行政及處理文書的工作。有些教授會請研究生助理撰寫計畫申請書的草稿，供其修改後再遞件申請，有些教授則請研究生負責計畫的申請及執行，並構成研究生論文的內容，這樣一來，研究生的抗拒就會較低。有許多研究案，研究生都擔任主角，除了老師外，研究生也消耗大量的耗材。這些大量的耗材主要來自實驗室與研究室，最大宗的耗材當屬碳粉墨水匣。據媒體轉述監察委員的調查，五年五百億計畫中的某大學，接受補助的第三年碳粉匣花掉了二千四百三十九萬元，等到監委開始調查後的半年，該大學減少了六成的支出，其中顯有隱情。

由於研究計畫的執行，也會增加對空間的需求。有些教授承接的研究計畫很多，需要大量的助理。通常各大學提供給老師的空間主要是一間研究室，在空間不足的情況下，許多老師便會以設立一些研究中心或實驗室的名義向校方申請。老字號的明星國立大學通常資源較多，空間的問題比較不嚴

重，然而要面對校內老師以各種名義申請空間，也不得不另立一些規範。甚至開放一些空間用競標的方式收取租金。大學教授成立一些研究中心及實驗室的主要目的，除研究外就是爭取校內外空間和研究資源。

早期政府各機關的委託研究計畫多集中在少數的明星國立大學，這十餘年來，大學的數目增加很多，加上一些研究機構與基金會的參與競爭，這種過去常集中在某些大學的現象，便稍稍獲得改善。加以服務年資加上年齡達到七十五時可退休「七五退休制度」的實施（舊制），許多明星國立大學的教授，未屆退休年齡就退休轉任私立大學教職，使得私立大學的研究案也日益增加。近年來，更由於許多私立大學提出獎勵申請研究計畫的措施，使得申請研究計畫的案件愈來愈多，尤其是國科會計畫的承接納入教師評量後，更讓各大學的研究發展部門業務負擔增加。

有些教授長期承接各政府機關的政策性研究計畫，在各政府機關中建立了相當的地位，雖然政府機關委辦的研究計畫都有公開遴選和競標，但最後仍然多由他們得標。這些教授也有許多機會出任政府機關的諮詢顧問，對政府要推動的政策產生了一定的影響力，並在報章媒體上發表政論性的言論，也參與了電視政論節目的討論，提升了他們的知名度。早期大學教師因研究壓力比目前小，所以媒體的曝光度較多。目前大學競爭激烈，大學老師的研究壓力沉重，固定在媒體出現的人數相對較少，而且成了政論節目的常客。中央研究院的胡佛院士就公開說一流的學者不上電視，也引起了社會大眾的注意。

大學老師的服務可分為校內與校外的服務，早期的大學老師除了教學之外，就是做研究，多數老師談不上服務，頂多就是當導師，輔導學生舒緩課業及生活上的問題。自從解嚴以來，民主思潮對校園民主起了催化作用，大學自主，教授治校普遍成為各公立大學的治理方針，在這種情況下，各大學的校、院、系所都組織了各級形形色色的委員會，由老師參與校務、院務及系所務。大學老師開始在校內要開很多的會，特別是許多會議不是很有效率，而且會議冗長，爭議的問題不是很重要，不然就是失焦。許多不耐煩的老師會提前離席，而主席為了決議又不敢

政論節目
老師又上政論節目，
而且還說得口沫橫飛

清點人數遭到流會、散會的結果。

公有的國立大學推動校園民主之後，讓老師們的負擔加重了。特別是擔任學院院長的教授，幾乎全校的各種會議都要參加，因為院長本身也是系上的教授，幾乎所有校內的會議無一倖免，可說苦不堪言。早期在動員勘亂時期，校長、院長及系所主管都是指派，校園民主化後，這些主管職位都必須歷經投票選舉，選戰在校園內出現也產生了一些不良的現象，像黑函的散佈，候選人之間的相互批判，教師也會支持特定的候選人而形成不同的派系與陣營。一旦候選人當選，他的陣營就有一些老師會被發佈委以重任。不過從好的一方面看，候選人的品德操守也從選舉中獲得檢驗。

除了主管職位經由選舉產生，會有運作投票之外，校內比較重要的委員會議像校務會議、院務會議、校教評會、院教評會，常常可見有運作投票的痕跡，有些教師為了當選跨系所重要委員會的委員，也會主動去向其他老師遊說和拜票。大學教師要出任行政服務的第一站就是擔任系所主管。可利用系所主管的身分參與院務，並廣結院內人脈。其實在各大學，系所主管所掌握的資源仍相對有限，代表該系所對外的意義比較重要。院長可掌握的資源相對較多，院長通常或多或少會得到校方若干經費的支持，這十餘年來，更因碩士在職專班的風行，增加了各系及各院的財源，讓擔任行政職務的老師，其資源條件獲得改善。

在校內除了主管的行政服務之外，就是出任各種委員會的委員或代表。影響教師本身權益最大的就是教師評審委員會，簡稱教評會。教評會分為三級，即系所、院及校級。教師的聘任、升等、不續聘均由教評會審理，因此有意願當教評會委員的老師會比較多，而且以教授為多數。因為教評會委員在審理教師升等案時，不能低階高審，所以在審升等教授時，副教授必須迴避。比較冷門的委員會，像空間規劃與分配委員會，多由年輕的助理教授出任，國立大學的許多會議，老師意見比較多，會議進行的時間比較長，而私立大學的各種會議，通常大家都知道權力在哪，因此，也比較沒有意見，會議進行的時間比較短，顯得比較有效率。公立大學的許多會議都在調節資源分配的公平，而私立大學的許多會議多在尋求各單位對校方的支持。

大學教師在校外的服務，多從他自己的專業出發，法政領域的教師多在一些相關的基金會或智庫兼任研究或顧問的工作。有些和法政有關的基金會，會出版自己的刊物，也會請大學教授擔任編輯委員。像民主、遠景和歐亞等基金會即是。財經商學領域的教師有機會出任金融機構的法人董事、或獨立董事。擔任金融機構的董事由於其責任風險較高，金融機構也會為其投保責任險。有產業背景的教授也會出任上市公司的董事或顧問。通常在私部門擔任兼職的董事或顧問都有兼職報酬，但在有官股色彩的機構，董事和顧問的報酬卻都會受到限制，這就是反肥貓條款。

大學教授也會學而優則仕，最主要的管道就是透過借調的方式，出任政府部門的政務官或擔任民意代表。在借調期間，由任職單位提供薪資報酬，而在原服務的大學留職停薪。借調的方式最先在政府部門，後來陸續推展到私人部門也適用，有些借調案，借調單位要向原服務學校提供適當的回饋，原服務學校才會同意放人。通常借調有一定的年限，主要的原因是借調的老師佔了校內一個缺，課程的負擔要由系所老師共同分攤。又通常借調的老師也還要在原服務學校每週義務授課滿兩小時以上，以確保其教學年資不會中斷。

通常借調的老師知名度較高，有些老師比較熱衷政治，會在各種媒體上論政。這在學術氣息濃厚的明星國立大學來說，可說五味雜陳，有些系所會期待借調老師出任政務官之後，帶給系所一些資源，有些系所則不希望學術環境置入政治的色彩。如果借調的老師和系所的關係隨借調而淡化，則一旦借調期滿，借調的老師便面臨去留的抉擇。目前的制度是借調期滿，尚有再借調一次的機會。有許多案例是借調期滿後被迫去職，但後來不再擔任政務官，想回原校專任教職時，卻遭到系所的拒絕。

最常見的校外服務就是擔任考試院各種國家考試的典試委員、命題和閱卷委員，由於國家考試的種類很多，除了高、普考試之外，又有許多特考，因此考試經常不斷地進行。早期擔任典試委員、命題、閱卷委員者最喜歡出版國家考試用的教科書，一方面在課堂上使用，一方面又能給考生參考。曾有一位名教授他的教科書每年都以增訂附錄的方式出新版，新版的內容成為主要考題的來源。後來考試院訂出了一些規範，命題及閱卷委員要廣納全國各大學院校，不再集中於少數明星國立大學，且有地緣上的考慮，以求地域的平衡。另外，考選部也建立了命題的題庫，旨在防杜一些命題的缺失。由於國家考試中，高普考的報名人數眾多，需要大量的閱卷委員。許多大學老師會有機會在閱卷場遇到多年不見的老友，藉著閱卷的空檔敘舊。

大學老師也會出任政府機關各種招標案的審查委員，有些招標的金額龐大，得標廠商若有給予回扣，其金額也相當可觀。若有政府機構的承辦人員洩漏審查委員的名單給參與投標的廠商，就會構成廠商向評審委員行賄的機會。近年來發生的弊案，使一些大學教授受到起訴和收押判刑。有些大學教授長期擔任審查委員也和政府機關建立了良好的關係，也知道有哪些招標計畫可以承接，但又限於政府招標採購要有公開評選的程序，因此逐漸領悟在爭取政府部門標案時交叉支持的重要性。換句話說，甲委員想爭取的A計畫可能由乙委員審查，而乙委員想爭取的B計畫由甲委員審查，這時交互支持是一種有利的做法，許多政府機關所委託的研究案，主持人多為老面

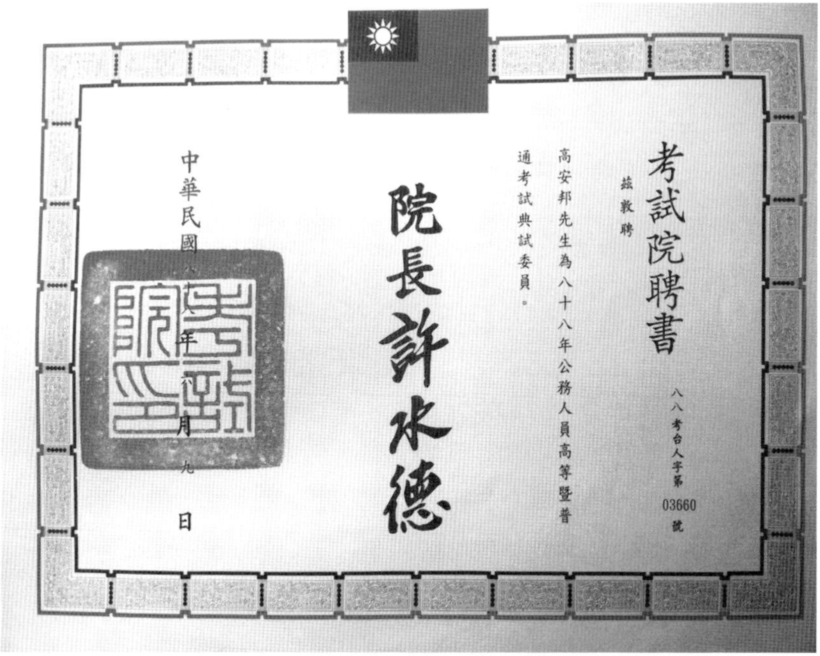
考試院聘書

八八考台人字第03660號

茲敦聘

高安邦先生為八十八年公務人員高等暨普通考試典試委員。

院長許水德

中華民國八十八年六月九日

校外服務

孔，這正是其中一個原因。

沒有升等壓力的大學教授，有些人會以服務為先，著重在校外服務，這是爭取資源最佳的管道，這種情形在國立的明星大學都很常見。然而許多新成立的私立大學由於面臨少子化下的招生壓力，必須投入一些時間和努力在招生宣傳上面。因為新學校欠缺知名度，也背負著大學聯考的原罪，因為愈新成立的學校，大學聯考的排名愈在後面，必須經過一段時間的努力，才能力爭上游。許多新興的私立大學會交付給老師招生宣傳的任務，除了跑遍全省各地之外，有必要時仍要進行家庭訪問。這些具有博士學位的教師，要放下身段，成為一位業務推銷員，誠屬不易，但迫於現實，也必須如此。尤其是受訪的對象給予不禮貌的對待時，更須容忍。

由於私校有招生的壓力，公立大學比較有長期聘任的保障，因此，私校的教師向公立學校的流動不可避免。由於公立的明星大學非常重視研究和出身的背景，具有國外名校博士的背景加上研究成果曾在SCI、SSCI或A&HCI等國際期刊發表，就很容易被國立大學網羅。最常見的是在私立大學一經升等為副教授，就會往國立大學流動，近年來由於流行不屆齡退休、可領月退休金轉到私校開闢第二春的普及，使得私立大學的師資得到從公立大學提前退休而來的補充。私立大學的學生也可享受到這些曾經在一流的國立明星大學任教，叱吒一時的學術界大老的教誨。這種公私立大學教師間的流動，可以說是良性的。公立大學可以得到具有研究能量的老師，或剛取得優秀名校畢業的博士的挹注，增加了他們的工作機會，而私立大學則可以彌補師資結構之不足。實際上大學教師的員額都有一定，因在公立大學提前退休所釋放出來的缺，會由研究傑出的私校教師，或剛從國外一流大學得到博士學位的新聘教師遞補，而國內訓練出來的博士若沒有論文

目前各大學普遍都有教師基本績效評量制度，此一制度是在一定時間內評量大學老師的教學、研究及服務的表現。通常研究所佔的比重最大，其次是教學，服務所佔的比重則較小。教師升等的計算方式也差不多如此。但在一些非研究型的大學，一般在研究上的表現，多用獎勵教師發表研究論文的方式，以代替對研究能量不足的懲罰。但在研究型的國立明星大學，教師的研究表現不好，會導致教師的基本績效評量不好，產生無法升等、不能晉薪、不能出國講學與進修的諸多限制。許多大學教師未能通過基本績效評量多是研究不足所造成，也會造成不續聘的後果。最常見的是各大學對教師都訂有限期升等的制度，如果在一定期限內，教師無法晉升一等，會被視為不適任教師予以不續聘。從國立大學開始到私立大學，大學教師的工作已經不再是鐵飯碗。績效差的教師為了確保其生存，經常訴諸於工作權的保障，而忽略了時代在進步，需要淘汰機制的事實。

由於教師升等制度的規範，主要是由研究表現來看，許多要升等的大學老師於是會把研究放在教學前面，但這或多或少會影響到對教學的投入。教育部對大學老師的升等有授權給一些大學自行審查，審查通過報教育部請領證書。這些大學通常是歷史較為悠久，而自審的結果是可以讓教育部滿意的大學。教師的聘任與升等和不續聘都要經過三級三審。若校級的審查可以得到教育部的同意和授權，該大學就成為自審升等的學校。否則的話，還要報請教育部學術審查委員會進行審查，這些所謂部審的學校通常多是新興的大學，自行審查尚未得到教育部的同意和授權。

大學老師的升等有很大的學問。通常升等要經歷系、院及校級教師評審委員會通過的關卡，系教評會都會樂見其成，只做形式的審查。院教評會以上會進行外審，也就是對升等人的著作進行實質的專業審查。外審至少要有兩位委員，外審的結果以超過七十分為及格。若有一位委員評分低於七十分，但兩位委員的平均為及格，就必須再送第三位委員審查，第三審評分及格，才能算是外審通過。若兩位委員的平均分數低於七十分，就不必送第三審，即視為不通過。外審的評分雖然通過但分數不高，在院及校教評會對升等票決時就會有變數。有些外審委員的評審意見不佳，例如沒有學術價值、五年內研究成果差，但仍然給予及格的七十分，容易引起爭議。

現在的大學對老師都有限期升等，有許多老師自知無法在限期內升等，就開始尋找退路，做為研究機構的中央研究院，也是如此。由於教師提出升等要經過三級三審，過去通常需要一年左右的時間，才會有結果，現在升等審查的時間多半會有約束限期，所以升等的過程較過去以往更為快速，但也需要幾個月的時間。研究型大學的老師無法升等，會轉到業界或向教學型大學尋找退路，教學型大學老師的退路則比較狹窄，通常是轉往業界發展比較容易。目前在少子化的環境下，許多私校面臨招生不足，必須裁減老師，讓一些比較沒有競爭力的老師處境更為艱辛。與其留在學校被淘汰，不如及早轉換跑道比較實際。因此，大學教師必須考量自己是否適合在激烈競爭中的學術環境中發展。

有些大學老師無法達成學校的需求和規定，面臨不續聘的命運。由於不續聘要經歷系、院、校三級三審，其所遭遇的對待也不同。在系級的教評會，由於是同仁同事的關係，有累積了一些深厚的感情，要做出不續聘的決定是痛苦而又困難的，但規定終究是規定，等到票決時，許多老師大都把規定拋諸腦後，得出不同意不續聘的結果。畢竟有些老師也擔心這種情況哪一天會落到自己頭上。院級的教評會由於是跨系所的關係，人情壓力比較不大，但如果院內各系領域接近，同質性高，互動比較密切的話，也容易得到和系級教評會相近的結果。要拋開人情壓力，只有寄望於校級教評會，因為校級教評會委員的出身領域比較多元，委員間的熟識度相對較低，比較沒有人情包袱，比較容易就事論事。大致上來說，學人文、社會科學的委員比較會顧及人際關係，學理、工、生、醫的委員比較會重視規則，這也許是和他們自身的訓練有關。

理、工、生、醫學科的老師，其研究成果因為有實驗的關係，也容易有一些發現，投稿到相關的期刊發表，因此，理、工、生、醫的老師經常會統計有多少篇論文在重要的國際學術期刊上發表，其影響力和被引用的次數如何。但對人文、社會學科的老師來說，過去的觀念一直認為學術專書才能代表研究成果，而且字數要有一定的限制。在台灣要出版書籍，可說非常容易。過去的大學老師常常沒有經由匿名審查，就把自己的作品送交一些名不見經傳的出版社去出版，甚至當成其升等的代表著作，這種情況以人文、社會科學領域的老師最為常見。後來因為各大學紛紛採取研究成果的計點制度，對沒有匿名審查的著作不予肯定後，這種情形才逐漸銷聲匿跡。

缺乏研究成果無法限期升等，在許多大學就會面臨不續聘，若教評會通過不續聘，不服的老師可以向申訴評議委員會提出申訴。申訴委員會的評議結果通常有申訴駁回，或申訴有理，另請原措施單位另行適法之處置。若當事人不服申訴駁回之評議，可向中央申訴評議委員會提出再申訴，通常這一類的案子都會曠日廢時，只要符合各校的規範，翻案難以成立。然而對許多沒有退路的老師來說，他們會傾向抗爭到底，並指控學校給予他們不當的對待，侵害他們的工作權，殊不知他們不能滿足學校的規定，畢竟是學校教師中的少數，絕大多數的教師都能滿足學校的規定，何以他們卻不能？由於台灣的大學數目過多，各校競爭激烈，大學教師沒有向上提升競爭力，就無法在這快速變遷的社會中存活。

台灣大學教授的薪資相較鄰近的日本、韓國及香港新加坡要低很多，國立大學的正教授最高薪無其他補貼，僅能月領十萬五千元左右，剛得到博士學位的新聘助理教授為月薪六萬八千元。本薪對應教學年資而晉敘，缺乏彈性。以美國的大學為例，有些大學的院長可以決定老師的薪資，解聘或不續聘老師也不需要經過三級教評會。在美國大學教師的薪資決定於他所屬的領域，及其知名度與對學校的貢獻，而有不同的待遇，在台灣大學教授的薪資無甚差別，這對優秀的老師來說，並不公平。近來，彈性薪資的議題才受到政府的重視。

不過對大學老師來說，比較好的是退休撫卹制度，公立大學的老師退休符合領月退休金的條件，大致上可領到八成的月薪。私立大學的老師適用私立學校的退休撫卹制度，其退撫的待遇不如公立學校的老師。因此，也有一些私立的大學為了留住教師，特別為他們投保退休年金保險，以彌補和公立大學教師間的差距。公私立大學教授的退休年齡是六十五歲，但有名望的正教授，由於其傑出的學術表現可以延長服務，通常各大學都訂有延長服務辦法，一般都訂可延長服務到七十歲，但有些私立大學為了師資的考量，仍以不同的名義聘任超過七十歲的傑出正教授，以提高學校的聲望。

大學老師可以自由運用的時間就是寒暑假。教育部規定各大學要每學期各上滿十八週的課，因此一年中三十六週上課，十六週可供老師自由運用。通常大學老師會運用寒暑假出國，出國的目的有度假、考察或參加國際性的學術研討會和短期講學等不同的形式。出國需要一筆經費，有些老師可以利用研究計畫中編列的出國考察費用來支應，有些老師因為參加國際性的學術研討會發表論文，就向國科會申請參加國際學術會議的補助，國科會依照申請人近期的研究表現及國際會議的重要性核給補助的金額。有些老師會利用寒暑假組織遊學團，帶領學生出國參訪。由於暑假的期間較長，各大學也利用暑假開設一些暑修課程，提供給一些修課不及格或需要補修課程的學生修習。在暑假，上暑修課的老師有額外的授課鐘點費。在早期暑修授課有很多老師有意願，近年來，由於大學老師研究負擔的加重，暑修授課的意願也大為降低。

由於研究負擔的加重，研究型大學的老師沒有上課的時間多會在研究室或實驗室，在學校的時間相當長，可說是以校為家。有些大學

出席國際研討會

會以教師的職級不同，給予分配大小不同的研究室，有些老師會把助理安置在自己的研究室，一方面提供助理工作的空間，一方面要助理辦事較為容易。有些老師則不喜歡與助理同處一室，會向校方爭取助理的空間，通常會以研究中心、工作室或實驗室之名向校方提出申請。對許多老師來說，研究室也是他們工作和生活的重心，因此，研究室的佈置也展現了個人的喜好和生活特質。有些老師的研究室入門要脱鞋，有些老師的研究室有泡茶的茶具和充分的點心，有沙發床，有電磁爐，有咖啡機，形形色色，應有盡有，研究室也是其就讀附設幼稚園與小學的年幼子女放學後回家前的暫棲之處。

由於大學老師的淘汰機制相對於公務員及中小學老師要更為嚴格，造成了許多大學老師過勞的現象，目前單身的大學教師與已婚但未有子女的大學教師也愈來愈多，主要的原因是大學教師的最基本學歷要求就要有博士學位。早期的大學教師很多都是碩士後擔任講師，再進行升等。目前的競爭環境下，都要求聘任具有博士學位的助理教授，而很多大學老師拿到博士學位時，都已超過三十歲，因此，女性大學教師在生育小孩時，往往面臨高齡產婦的問題。同時，學術表現的需求，也讓很多未婚的大學老師，花很多時間在研究室。減少了與他人交往的機會，自然成為單身族的機會也增加了。

已婚有家眷的老師，有些因留學國外的背景，會把家眷留在國外，隻身回台工作，並利用寒暑假的三個月在外探親。這些老師就是典型個人在台的「台獨」，或內人在美國的「內在美」與外子在美國的「外在美」。通常具有國外留學背景的老師多會鼓勵其子女在國外就讀各級學校。有些老師則會利用出國進修或擔任客座講學的時機，攜眷讓其子女在國外就讀一年，提升子女的外語能力和國際觀。早期教育部有延攬歸國學人方案，從國外回台的大學教師會冠以客座之名，並得到教育部和國科會的補貼，後來因為歸國任教的人日多，客座就成了要給予短期禮聘在外國任教的學者回台講學的一種尊稱。

從國外回來短期講學的學者，通常都有一定的學術成就，在該專業領域也有一定的知名度。許多大學多會奉之為上賓。比較大牌的教授會有較資淺的助理教授當他的教學助理。早期大學數目較少的時候，大學教授的意見比較受政府部門的重視，教授在媒體上發表看法常會引起政府部門的注意。但今非昔比，大學教授上媒體在許多人的觀感中成了做秀，近年來普遍對大學教授的評斷，多以其研究能力為基礎，因此對助理教授及副教授來說，升等壓力使他們會投入較多的時間從事研究，比較沒有時間也比較沒有意願在媒體上曝光。因為在媒體上常曝光會對升等產生一些影響。所以申請升等的教師通常會比較低調，避免產生一些不必要的困擾。只有沒有升等壓力、或放棄升等、或研究欠缺，不努力從事研究或有特定意圖的老師，才會躍上媒體；或有時間散佈黑函，製造紛擾。

大學老師的人際關係主要的對象就是同儕、同專業與學生。大學老師喜歡參加學術研討會，除發表論文展現自己的研究外，另外一個主要功能在得到同專業學者的意見，並結交朋友。研討會中間會有一個茶敘時段，就是一個最好的社

交場合。通常在台灣舉辦的研討會，許多老師會和研究生合著並發表論文，並帶領他們參加，以累積經驗與人脈。若要到國外開會，比較優秀的研究生還能得到政府部門的補助。

至於老師與學生的關係，則不外乎是授課或指導論文的學生，或導生與工讀生的關係。對於授課的學生來說，雙方的互動僅在課堂上，課外只有在辦公時間去研究室或有另外的約定。近來由於網路的發達，學生要請教老師利用網路的現象也日漸普遍。對指導論文的研究生來說，雙方的互動比較密切，通常研究生年齡比較大，也比較在經濟上需要獨立自主，指導教授通常會幫其所指導的研究生尋找一些財源，最常見的就是透過研究計畫聘為助理給予津貼。對導生來說，擔任導師的責任要解決學生的疑難雜症。導生與導師的會面，在各大學來說，多是由導師出面請吃飯，經費較少的則是請吃便當，這樣才有誘因讓學生前來聚會。

對工讀生來說，主要是老師所聘用的教學或研究助理，替老師改考卷，登錄成績或搜集資料與從事資料分析，有許多助理會成為其論文指導的學生。

大學老師的知識水準較高，也比較關切社會議題。有些老師會參與社會運動，也常是一些民間團體、利益團體的領導人或重要人物，有些老師因為所接受學科訓練的關係，或因為其出身的背景，而有特定的主張。過去一些大學中都有三民主義研究所，任教的老師都有一定的意識型態，在解嚴之後，很多三民主義研究所都轉型為國家發展研究所，意識型態的色彩逐漸淡化，取而代之的是社會科學的強調。

隨著時代環境的變化，大學老師的角色也跟著調整，和以前的時代相比，真的是差很大。現在學生可以評鑑老師，老師會討好學生。過去的大學老師比較有權威，學生也比較順從。現在的老師則比較遷就學生，會在意學生的想法。過去的大學老師不必講求行銷，現在的老師則要注重行銷。國立大學的老師要對研究生行銷，爭取納入自己的研究團隊。私立大學則因為少子化的影響，老師會扮演推銷員的角色，他們必須放下身段向高中生及其家長行銷。在當前，大學老師必須自我調整才能迎合時代的需要。以投資報酬率來看，多數的大學老師都在大學畢業之後，繼續攻讀更高的學位，尤其是具有國外學位的老師，他們的教育投資要更大。取得學位後任教的薪資在當前的環境下，只能勉強足以糊口。因此許多大學老師需要超鐘點，需要校外的兼課、兼職、承接研究計畫並擔任顧問，以取更多的收入。

將近二十年前開始的廣設大學政策，並未考慮台灣的人口結構會出現重大的變化。目前大學供給過剩，有些私校關閉一些招生不好的學系，資遣了一些老師。敏感度高的後段班大學老師紛紛申請轉至他校任教。然而對大學老師的聘任，各校都會考慮老師的研究能力和其發表的著作。沒有研究能力的大學老師，不管在公私立大學早晚都會被淘汰，使博士學位和研究能力不能畫上等號。有些名校畢業的博士，在歷經多年之後，也沒有像樣的論文發表。這些老師在學校中所肩負的壓力更大。有些老師知道自己無法滿足學校對研究升等的要求後，會主動請辭離職。有些老師則等待到最後一刻，由學校提出不續聘，而這些不被續聘的老師，通常會提出申訴，甚至在沒有退路的情況下，和學校對簿公堂。

在當前的環境下，大學老師一旦被不續聘，要再找專職的教職其實非常困難。因為各校要求的標準，基本上差異不大。拿到博士學位再任教數年不被續聘就等同中年失業，對個人及家庭都會造成巨大衝擊。所以要擔任大學教職一定要衡量自己的研究能力，若不行，應及早規劃轉任其他行業去發展，不要執著於具

校園政治差很大

校園政治差很大

早期在威權政體下，大學校園內除了有政治組織，像國民黨的黨部之外，軍人身分的軍訓教官也是輔導學生不可或缺的角色。當年校園內的軍訓教官除了上軍訓課或輔導學生，或在宿舍執勤之外，另一個重要任務就是積極介紹學生參加國民黨。當時大專學生參加預官考選，就其中的一個兵科政戰來說，通常不明文的規矩就是政戰官要由國民黨員出任。在這種情況下，很多大學生為了有機會當預官，便在學校中參加了國民黨。由於入黨的學生不少，國民黨在校園內有組織，甚至要繳黨費，並定期開會。

當年國民黨在校園內的活動，也培養了一些日後的政治菁英，尤其是國民黨自己要培養優秀人才，並選送出國深造。最重要的一條管道，就是國民黨自己辦的中山獎學金，選送優秀的黨員出國深造。然而報考中山獎學金的資格，最好有為黨服務並擔任小組長以上的資歷。因此，不少國民黨的大學生在校期間都積極爭取擔任小組長以上的職務，以便日後有資格報考。除此之外，海外工作會也有提供獎學金，但海工會的獎學金通常要有額外的海外工作。

除了國民黨的活動之外，當年救國團也在各大學院校廣招人才。救國團的人才招募多為志工類型，最常見的就是能帶領各項團體活動的大學生，擔任志工幹部，並鼓勵大學生在寒暑假去參加救國團所主辦的各種營隊。在大學期間積極參與黨部或團部舉辦活動的人，日後都成為穩定威權政體的最主要支柱。中國共產黨是以黨領政，學校的書記比校長大，為一把手。國民黨在威權時期，校園內的黨部隸屬於知識青年黨部，與中共不同。解除戒嚴前，在台灣的國民黨是黨政合一，校長也是所屬黨部的主管，這在公立大學是普遍的現象。

在解除戒嚴之後，校園民主的觀念在各大學盛行，加以教授治校、教育改革的進行，對台灣的大學校園產生了空前的影響。校園民主喚起了學生對自己權益的自我認識，也引起了學生對校務參與的需求。各大學的校務會議學生也有代表出席，並由學生代表提出對校務的看法，雖然學生代表的比例低，但也有充分反應學生意見的機會。早期公立大學的經費都來自於政府的支持，但後來各校都成立校務基金，政府支持的比重也逐漸下降，導致許多公立大學必須另找財源，不然就是提高學雜費。然而提高學雜費多會引起學生的反對。因此，除非有必要性，否則各大學儘可能不碰觸調高學費的議題。

在校園民主，教授治校的觀念下，對許多公立大學產生相當大的改變。過去院長、系主任由校長任命的情況，改由各院各系選舉產生。為了落實校園民主、教授治校，許多國立大學對於校長、院長及系所主管皆由選舉產生。使得成為學術主管的教授必須登記參選為候選人，這樣一來，幾乎和政治上的選舉同出一轍。只不過學術主管的選民是大學教授而已。為了爭取教師選民的支持，候選人也要展開拜票。通常候選人會到各教師研究室去訪問並拜票，寄發文宣，並建置自己的人脈關係。

系所主管的選舉雖然是一種小選舉區

的選舉，但有時競爭仍很激烈，甚至輸贏只有一票，那一票經常永遠是落選人終身難以忘懷的對象。雖然選舉採無記名投票，但每一位教師的投票大致上都可以被猜測到。因為在系所的層次，容易形成派系，而派系成員的向心力也較強。系所是大學教師安身立命的地方，對各教師直接影響的權益也最大。在系內老師們所爭取的

不外乎是教授熱門的科目，升等不受打壓或杯葛，有更多的教學及研究資源。

院長的選舉層次稍高，因為要橫跨不同的系所，所以候選人要結識不同系所的老師。要走出系所之外去認識其他的老師，最好是經由出席校級及院級的會議開始。因此，有志者會參加校務會議，校教師評審會、院務會議或院教評會的選舉。有了選舉活動就會有機會結識外系的老師。由於各大學的教師都擁有最高學歷，自主性非常高，有時礙於情面，口頭會允諾給予支持，實際上他們都會做出自主性的決定。因此要爭取老師的支持，必須要誠懇地表達自己的理念，並站在老師的立場來思考問題，以贏得他們的支持。

大學的學術主管由普選產生也衍生了一些問題。由於有選舉就會有派系，有些候選人是由派系拱出來的，加上主管有任期制度，也就有派系接班的問題，這和政壇無太大的差別。選舉也造成了一些老師的困擾，有些老師不願清楚地表明立場，深怕會得罪任何一方，也不希望被打擾，有些老師也會擔心立場不同的候選人當選之後，會對其將來的發展有影響，而有所顧忌。系所主管的選舉不太需要競選活動，只要表達治系治所的理念即可，並把政見理念email給老師參考，再來就等在投票前的政見發表會上做較詳細的論述；同額競選就比較單純，表面上會比較有一團和氣，但開票出來也會有幾張不爽的廢票或反對票。院長及校長的選舉競選活動就比較多，因為選情會比較激烈，而各候選人也會使出渾身解數爭取更多的支持。因此，競選的手段也會比較注重如何爭取老師的支持，也會重視自己的長處和短處，有些選舉比較激烈就會出現黑函或對人身攻擊，這些作為在學術界來說，和政界並無太大的差別，高學歷的知識分子，其人格也不見得較為清高。

由於普選造成候選人會討好選民以爭取其支持，其結果是對學術的評量標準和認定會愈趨寬鬆，因為有些教師選民會向主管候選人提出放寬績效評量的門檻，以利其續聘，有些選民會向候選人爭取在當選之後，能分配較多的資源給他們。大學老師要的資源不外乎是研究室或助理的空間、RA或

TA的分配，以及經費的補助等項。在台灣由於大學老師的待遇與鄰近國家或地區相比明顯偏低，教學研究負擔又重，因此多會積極爭取資源。

由於普選雖然符合校園民主的精神，但對學術發展也產生了一些缺失，有一些好的學術發展理念，會因為過於重視民主的票決制度，也妨礙到學術提升的機會。因為較嚴格的學術評量制度會因個人利益的考量，在票決的情況下不容易通過。教師的聘任案也會因為派系的抵制而遭投票否決。投票制度也會讓一些有名望的教授難以向著名的國立大學遞件申請，萬一投票不通過，真是情何以堪！校園的選舉也會造成候選人之間錯綜複雜的情結，有些教授也因為選舉而種下心結，歷經許久也仍然未能化解。

由於普選的若干缺失，許多學校也將普選制度改為遴選。許多公立大學目前對於學術行政主管採用遴選制，通常在學術行政主管出缺時，就會組成一個遴選委員會，對外公開徵求候選人，並接受各方的推薦。就遴選與普選的比較來說，經遴選所產生的學術行政主管，通常其學術地位要比經普選的來得高。普選所重視的是候選人的政見、行政能力和人際關係，而遴選比較側重在候選人的學術表現和其領導治理能力。有些國立大學對學術行政主管採遴選制，因此，遴選委員就成為候選人積極爭取拉攏的對象。

以院長遴選來說，院遴選委員會就院長候選人進行審查，並聆聽候選人的政見發表之後，做出遴選人選的決定，並呈報給校長挑選後任命。如果院遴選委員會決議只呈報一人給校長，校長便無從選擇，若呈報兩人以上給校長，則角力的場所便轉移到校長處。同樣的情況，國立大學校長的遴選也是一樣，若該校呈報兩位以上的候選人到教育部，就由教育部組織遴選委員會，再呈給部長圈選。曾經有幾件案例是在大學內得票最多者，往往最後都不是擔任校長，國立大學的校長是由教育部呈報行政院核定，在核定之前都有變數，最終的決定可說政治是扮演最重要的角色。

私立大學和公立大學不同，私立大學的校長是由董事會遴選報教育部核備，校長由董事會遴選出來，校長會執行董事會的政策。私立大學是由私人出資設立，因此所面臨營運的風險問題會比公立大學更為重要，因為公立大學最終有政府的支持，但私立大學在少子化日益嚴重的趨勢下，經營風險日益升高，必須更重視成本效益，在招生困難時，更必須考慮關閉並退場。很多私立大學的教師難以體會和了解私校經營環境日趨困難的殘酷現實，而主張校園民主、教授治校的想法。但學者和經營者所處的地位不同，視野角度不同，為了私立大學的生存，也宜考量私人出資興學的立場，不宜以與政府支持的公立大學相提並論。教育也是一種產業，在這產業內有不同的結構，適用不同的管理方式。

大學內的政治角力場所最常見的就是校務會議。規模大的國立大學各院系所都希望有機會參與，因此會議代表人數較多，議題也較多元，意見也較為龐雜。因此，也需要較長的時間去討論。曾有大學利用週六開了一整天的校務會議，

在早上剛開始時，要尋找座位都有點困難，等到中午吃完便當後，會議代表走了一大半，再等到開到下午三、四點時，在場的人數變得很少，這時候與會代表會有一個默契，就是不能提出清點在場人數的動議，否則就會散會。但也有一些代表會故意利用這個機會提出清點人數的動議，以達到反對某些議案，使那些議案不受到討論。

最常見到大學教師要投票的場合，就是教師的聘任及不續聘，和教師的升等，這些事項都和人事有關。新老師的聘任可能會影響到系所的生態，所以各系所對新聘的案子都會比較注意。曾有一個系有八位老師，分成兩派，每一派各為四人，要聘新老師非常困難，雙方沒有共識，也深怕新聘的老師會屬於對方的派系，屆時就會成為永遠的少數，對系務的發展有不利的影響。近年來，台灣高等教育的環境起了很大的變化，對大學教師研究的要求標準各校都提高，甚至訂有一些對教師限期升等要求的條款，老師無法達成學校制定的標準，其後果可能會面臨不續聘的問題。

有些面臨不續聘的老師，平日在系上人緣不錯，受到學生的愛戴，系所在檢討這一類型老師的不續聘案時，往往難以下手，而這些面臨不續聘的老師也會向系上老師關說遊說，以致在系所教師評審委員會議中的不續聘案不通過，這樣一來就和學校的規章辦法相抵觸，也挑戰了學校法規的執行性。因此，教育部也針對這一類的問題做出了決定，那就是院教評會可以否決系所教評會的議案，而校教評會認為不適當，又可以否決下級院教評會的決議，並以最終的校級教評會的決議為依歸。

早期的大學沒有設置教師評審委員會，新聘教師多由系所主管依據學校的編制員額，陳請校長給予新聘員額，再簽請校長聘用。當時沒有教評會時，系所主管的意見與態度至關重要。一旦聘用之後，除非違反重大學術倫理或行為規範，幾乎都是保障終身聘用。當時也沒有教師評鑑制度，因此大學教授地位崇高，也是眾所羨慕的職業。然而時過境

遷，有了教評會及評鑑制度的推動，大學老師消遙的日子不再，反而是鞠躬盡瘁死而後己。因此，不續聘案的表決，在系所基於夥伴的情感和深怕自己也是下一個目標的心態下，在祕密投票上都會傾向保護面臨不續聘的老師。至於升等則和不續聘不同，升等教師個人的表現和人際關係至為重要，有時政治立場也會影響到投票結果。曾經有些老師的著作非常亮麗，但是在投票時就是不通過，其原因可說是錯綜複雜。因為大學教師的升等，雖以研究的比重為最，然而升等的著作和所任教的科目或所處的科系專長無關，也容易遭到評審委員的否決。

有些教師在升等案被否決後會走申訴的管道，若申訴有理由，申訴評議委員會便決議請原措施單位另為適法之處置。有些自認為權益受到侵害的老師通常會提出不同的訴求，有些老師還會在課堂之上告訴學生他如何在校內受到不當的對待，以取得學生的聲援。通常學生對於學校的行政及對老師的規範不是非常清楚，因此對老師的聲援多半來自於對任課老師的印象或基於同情。由於教師的升等主要是由研究的好壞來考量，因此很多在未升等之前的老師，莫不努力研究為要務，在未升等之前盡可能不參與學校的各種會議，以免發言得罪別人，也少在媒體上曝光。因此校內的各種會議幾乎都是由教授扮演重要的角色。

解除戒嚴也助長了校園民主的浪潮，提高了社會大眾的政治參與，大學教授在課堂上議論時政的現象也增加，有些大學老師也不會遮掩自己的政治立場，反而旗幟鮮明地在校園內或課堂上提出自己的政治訴求，這種情況以法政類的老師較多，並常出現在電視的政論節目，這一類型的老師也多喜為政黨所用，並於當選執政後，出任政務官或不分區的民意代表，有些大學老師更代表政黨參選各種職務，在參選的過程中，也可以得到學生不少的協助。學生在校園內也有選舉，特別是像學生會等學生的自治團體即是。學生的選舉要看學生的參與情況，有些學校學生會的會長會難產，通常投票率都不高，候選的意願也低；有些明星大學則因學生自治團體的負責人會帶來一些加分的效果，因此，競爭也比較激烈。

在校園民主化的情況下，學生的多元意見也可以容易地呈現。開會時，學生代表也會去了解議事規則，也會去模仿民意代表的質詢。我曾經去參加一個學生自治團體的會議，就聽到有一位學生在發言：「本席以為⋯。」民主政治的

觀念和運作，已經在大學校園內深植。伴隨校園民主緊接而來的就是講求人權。所以有些大學的規範在人權的呼聲下開始重新檢討。

早期的大學教官可以檢查學生的服裝儀容，四、五十年前，許多前衛的男大學生開始留長髮、穿喇叭褲，一天到晚要躲教官的取締。當前時空環境改變，男大學生可以穿耳洞、戴耳環，可以很娘，變得更加自由，只要不侵害他人的自由，基本上都在被許可的範圍。因此大學校園內更講究人權之後，教官的主要角色扮演就成為急難救助和糾紛排解，許多大學生的交通事故或身體不適送醫急救，第一個在場的人員通常是教官或校園安全與保全人員，再來才是導師與系所主管，教官已從取締者逐漸轉型到協助者的角色。

當前由於資訊科技的進步，學生可以自由地在網路上發表自己的意見，有些政治議題的討論，大學生在網路上的參與非常熱烈。近年來更因兩岸的交流日益頻繁，大學校園內也出現了許多大陸來的交換學生，由於政治立場有一些差異，大陸來的交換生盡可能不去碰觸政治的議題，而與本地學生的交流多在課業和生活經驗上。我教過大陸來的交換生，出自大陸的重點名校，第一堂上課，坐在最前排認真聽講並勤做筆記，等到數週過後，愈坐愈後面，並開始帶早餐進教室，到期中考時已完全被本地學生所同化，真的是差很大！

各大學和大陸的大學交流難免會涉及政治。首先雙方的學術交流合作協議就要避免國名，其次，許多國際性的學術研討會在發函給大陸學者來參與時，就要避免使用國際的字眼，由我方主辦的體育賽事更有一些限制，在有大陸隊參與時，場內還不能有中華民國的國旗，開南大學接受大專體育總會委託辦理亞洲區大學籃球邀請賽時，就發生了國旗事件。在開幕時，大陸隊持五星紅旗進場，而中華隊沒有持青天白日滿地紅旗進場，就使得一些學生不滿，直到兩隊進行比賽時，學生為鼓舞中華隊的士氣，揮舞國旗打氣，但遭大會裁判長制止，引發進一步的反彈，在校內遍插國旗，以致隔天大陸隊前來比賽時，發現校園中遍插國旗，棄賽而去。其實大陸人士來台到處可見國旗，比賽時間又是十月上旬，為迎接雙十國慶，市區旗海飄揚，許多大陸人士來台還會善用此一場景拍照。不過，兩岸交流最終仍不可避免政治議題，大學校園內也是如此。

大學真的差很大

大學真的差很大

大學真的差很大！公立與私立差很大，理想及想像與實際差很大，國內與國外差很大。首先就公立與私立大學的差別來說，幾乎所有的公立大學都是國立，只有一所是市立大學與一所市立學院。公立大學有學費競爭力的優勢，並得到政府較多的支持，資源條件相對較佳，大學聯考的排名相對私校來說，排序在前。除了歷史悠久與較大規模且有一定社會聲望的私校之外，很難與之抗衡。然而這些受到政府支持的大學所招收的學生，來自弱勢家庭的比例遠低於私立大學的學生。這種情況，愈在頂尖大學愈加明顯。換句話說，政府在補貼一些相對社經背景比較好家庭的子女就讀國立明星大學。他們不須為生活擔憂，只要把書唸好，畢業之後，以便進入美國的名校像哈佛與麻省理工。

來自弱勢家庭的子女就讀私立大學的比例要高過國立大學，他們要為生活擔憂，要多打工以便賺取較多的收入，以應付就讀大學的龐大開銷。再加上私校的學費高出公立大學不少，一學期的差額有兩萬元以上，使得許多私立大學的學生除了申請就學貸款之外，也申請學雜費的分期付款。許多弱勢

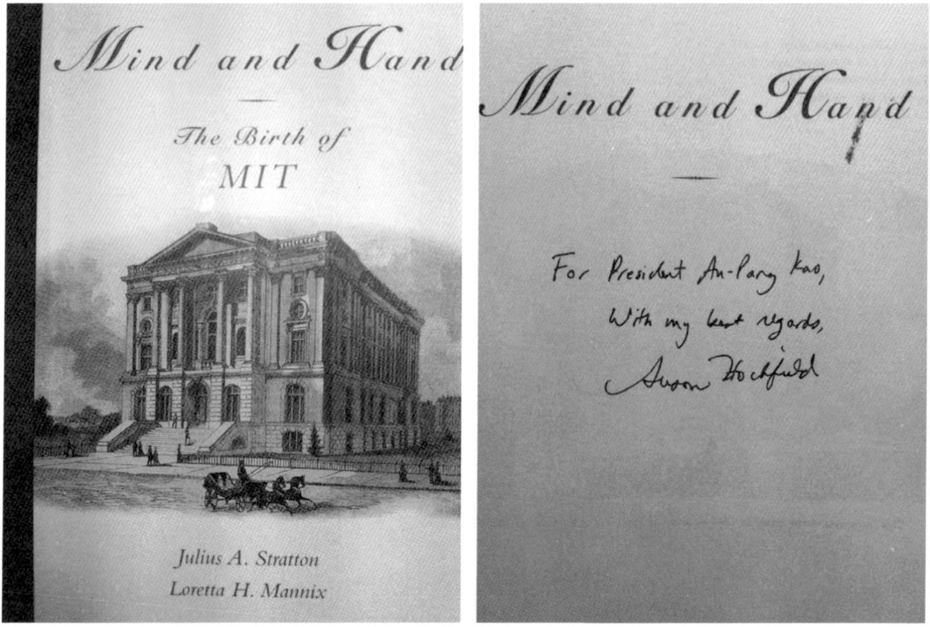

麻省理工校長親筆簽名書贈本書作者

家庭的子女就讀私立大學是因為他們沒有太多的時間唸書，以致學測及聯考成績不理想，只有選擇私校一途。而我們社會上的許多人對後段的私立大學生又有不當的對待，並在職場上有歧視，使後段的私立大學畢業生在工作時會面臨一些不公平和困難。許多後段的私校生他們的聰明才智並不亞於頂尖國立大學的學生，像郭台銘董事長並沒有顯赫的學歷，當年也就於後段的私校，但今天有許多博士都為他所用，也在高科技產業闖出一片天。

國立大學的教師與私立大學的教師相比也差很大。頂尖國立大學的教授容易獲得各種研究計畫，有較豐富的資源。研究空間、研究設備與研究助理都遠勝於私立大學的教師。有些私立大學的老師要跑到國立大學和國立大學的老師共同做研究，才能有機會利用其實驗室的研究設備。國立大學的教師常成為多計畫的審查委員，也主宰著計畫資源的分配。加以國立大學的教師退休撫卹制度比照公務人員，目前年齡加上服務年資達到八十五時就可領月退休俸，然而私立大學教師的退休撫卹制度遠不如國立，也造成許多私立大學的優秀師資向國立大學流動，使私立大學不得不以高薪留住優秀的師資。

私立大學的老師除了教學、研究之外，尚需接受學校委託的招生任務，有時他們必須到各高中入班宣導。有些高中因為顧及高三學生要參與學測及聯考，不希望被許多私立大學要求進班宣導所干擾。因此，許多私立大學的老師就要利用人際關係和各高中維持良好的互動。有些私立大學的老師在大學博覽會推銷自己的科系，拿到博士學位的老師去拉學生就像拉客戶買保險一樣，要把自己塑造成一個成功的推銷員，以爭取學校能順利招到學生，才能永續發展。然而國立大學的老師只要教學沒有差錯，做好研究更勝於一切。過去的大學老師所從事的工作是神聖的、莊嚴的。但今日的大學老師工作績效盡可能量化，沒有研究論文會被同行瞧不起。當前大學老師多急功近利，教學好並不能保證能升等，輔導學生績效優良對升等也沒有幫助。因此，一切以研究為優先，這就是當前大學老師的寫照。

就當前大學教師來說，私立的比公立的處境要差很大。少子化的危機愈來愈嚴重，私立大學的轉型也比預期要更快。轉型涉及結構的變遷，被調整系所的教師可能面臨提前退休或資遣的結果。國立大學的教師待遇幾乎完全比照公務員，除非無法通過績效評量，否則不輕易啟動不續聘的機制，也很難有資遣的問題。國立大學的老師由於不擔心聘任問題，比較會積極參與校務，享受校園民主的成果，而私立大學的老師責任較多、任務較重，很難影響決策，因此，對校務比較沒興趣，私立大學的中央集權相對於國立大學的權力下放，真的是差很大。私立大學的校長可以相當為公司的總經理，負責經營並向董事會負責，而公立大學的校長其行政作為是向校務會議及教育部負責。

在運作經營上，私立大學要比公立大學更有彈性。公立大學的作為通常要依法規處理，因此法規在先，行政作為在後，是典型的依法行政。但對私立大學來說，有許多行政作為面臨社會快速變遷時，都跑在修訂法規的前頭，因此就會有先穿衣服再量身修改的現象。就像台商到大陸投資一樣，在政府的辦法未定之前，很多台商已經到大陸投資，等到辦法訂好了再向政府報備核准一樣，私立大學為了生存，很多務實的做法都走在國立大學的前面，可供國立大學借鏡。例如有些私立大學積極地在海外和大陸甚至金門都設點佈局，比國立大學的腳步還快。

許多高中生在未進大學之前，對大學充滿了憧憬。英文「大學」一詞的音譯，甚至譯為「由你玩四年」，在許多高中生的腦海裡留下不可磨滅的印象，加以大學的環境自由開放，唸大學的年齡又適逢黃金的青春期，也確實讓很多高中生充滿期待。然而一旦進了大學之後，才發現原來大學和心目中所盼望的仍有很大的落差。大學還有點名、還有小考，還有要命的報告作業……，原來大學也不是那麼自由，原來大學也不是那麼好唸，原來大學也不是那麼好玩，真的是有很大的落差。

大學是培養專業人才的最主要場所，因此，學生畢業離校時應具有一些職場上所需要的專業知識。然而現在的大學畢業生對許多企業來說，他們仍須重新訓練，重新教育。問題的癥結在於學校所學的和社會所需的有很大的不同。有些大學便設計一些課程和業界合作，並提供學生在學期間到業界實習，強化學生的實務經驗。每一所大學都希望把學生教好，但是許多老師也未能因材施教，導致學生在學習過程中受到一些挫折。各大學也考慮管控學生在畢業時的素質，也相應地訂定了一些畢業的門檻，這些畢業門檻以外語設定標準最為常見。

這種訂定畢業門檻在理想上是不錯的想法，但在現實上，後段班的大學生在入學時，英語能力好的極少，在學四年要有很大的進步，也誠屬不易。畢業門檻標準太高，就太多人無法畢業；門檻要是訂的太低，又不如不訂。因此有不少學校都是用修習一門英語課通過，來取代門檻的要求，以避免太多學生無法如期順利畢業。對明星國立大學來說，老師都會認為學生的素質較高，因此可以選用原文教材，內容也可有些難度。然而如果要對許多老師進行問卷調查，真實的情況卻是多數老師都認為學生的程度一年不如一年，而且和他們心目中想的，有很大的差距。

造成這種現象的主要原因是現在的大學環境自由又多元，老師的影響力在式微，加上老師的教學、研究工作壓力，升等壓力很大，關懷學生的時間難免少了。而學生為生活打拼，自我管理的時間多了，自然找老師互動的機會也就少了，因此老師也不太了解學生，學生也不太在乎老師。學生只專注在他的成績高低，會不會被當，是否可以申請獎學金，是否可以工讀等和學生自身利益有關的事務上。

研究生雖然和老師的互動比較多，但研究生入學後也會有很大的落差，研究生的獎學金很少，不足以糊口，必須要兼研究計畫助理或家教。本來預期要早一點畢業，可是論文指導教授說這個要改，那個要改，本來和老師合著一篇論文就可以畢業，但是現在老師面臨績效評量，需要更多的合著論文，怎麼會變成這樣？未唸研究所之前，認為研究生很了不起，又有高學歷，但唸了之後，發現研究所的學歷只是基本要件，而且唸研究所比大學部辛苦數倍，研究生每門課要看更多的書、更多的資料、更多的文獻，甚至要交許多報告。由於課業繁重，生活忙碌，加以有些研究所的規模很小，尤其是博士班，更使得一些研究生沒有太多的人際關係和社交生活，使他們更顯得孤寂，和大學時代相比，真的是差很大。

其實到國外唸大學，人生地不熟，語言又不通，一切靠自己，才更知道孤寂的可怕。但要到國外唸書的同學或多或少心裡有一些準備。國外的大學和國內的大學畢業存在很大的差別。首先是文化環境的差別，我們的傳統文化在學校會尊師重道，但在國外這種色彩會淡化。國外的大學有些會把學生當成可敬的顧客，深怕學校所提供的服務不能讓學生滿意，國內的大學則多把學生當作管理和教育的對象。近年來，由於少子化，要爭取學生入學，才開始強化服務。過去在許多國立大學內，常可見到學生在辦理各種事務時，許多單位都會相互推諉責任，主動性及積極性不夠，為了辦一個手續，要走行政單位好幾次，而行政單位也不會站在學生的立場去思考問題和整合處理學生所面對的問題。現在由於資訊科技的進步，國外有些大學透過電腦系統，採單一窗口，能很快地有效解決學生的需求。

國外頂尖的大學，資源豐沛，建築富麗堂皇、神聖莊嚴。以美國麻塞諸塞州的世界頂尖大學哈佛和麻省理工來說，雖然校園不是很大，但建築物都很具代表性，有希臘羅馬式的巨大圓柱做為學術殿堂的基石，令人震憾和感動。許多美國著名的頂尖大學都是私立，而且可以成為世界一流的學校，但是台灣再好的私立大學也難以和頂尖的明星國立大學相提並論，就是因為政府對私立大學管得太多、管得太死。學費要管、招生員額要管、入學方式要管，連學校運作也要管。美國各大學的收費相對有其自主性，入學方式多依賴申請方式，也很少會遭受質疑這種申請入學的方式是否公平。在台灣太強調公平，太重視聯考，以聯考的志願和分發來決定各科系的好壞，產生了一些偏差，也很難改善。有了聯考的制度，私立大學想要力爭上游都有很大的困難。因為考生只會

奧運精神在美國大學校園

美國哈佛大學校園建築

參考近年來的志願序，招收不到頂尖優秀的學生，自然對學校聲望的提高也會有所影響。

台灣的學生只有在拼聯考的時候，才會很認真地從早到晚的用功。等到上了大學，聯考的壓力沒有了，許多大學老師也不會像高中老師那樣叮嚀同學唸書。因此，大學的圖書館只有在期中考與期末考之前數週才會爆滿，國外的許多大學則不論是否有考試的季節，圖書館的座位都是一座難求。韓國的漢城大學圖書館的閱覽座位採電腦預約方式來保障要利用的同學可於特定的時段入座，可說是科學化的管理，也可避免同學佔了位子不利用。目前國內外各大學的圖書館不再是提供傳統的閱覽功能，由於資訊科技的進步，使大學的圖書館都有多媒體視聽的功能。圖書館不再僅是看書、用功、找資料的地方，也是休閒的好去處。

美國麻省理工希臘羅馬式的巨型圓柱

多數國外的大學，論規模及校園的面積，都要比台灣的大學大得多。兩萬人學生的大學在國外只能算是中型規模，但在台灣已經是大型規模的學府了。美國許多著名的州立大學面積都超過一千英畝，校園內還有許多快捷公車的路線。其足球場加上周邊的停車場，要比我們的私立大學院校都大，這樣才是名符其實的大學。台灣的大學校園內要有一片綠草如茵的大草地，都很

美國麻省理工大學的遊泳池

困難。在國外則比較常見，甚至在大草地上還經常舉辦活動。

國外的學生經歷從小到大自由發展的教育環境，不著重在記憶與背書的訓練，而強調啟發性的思考，使得他們相較於台灣學生來說，更具有創造力，也比較敢挑戰權威。麻省理工

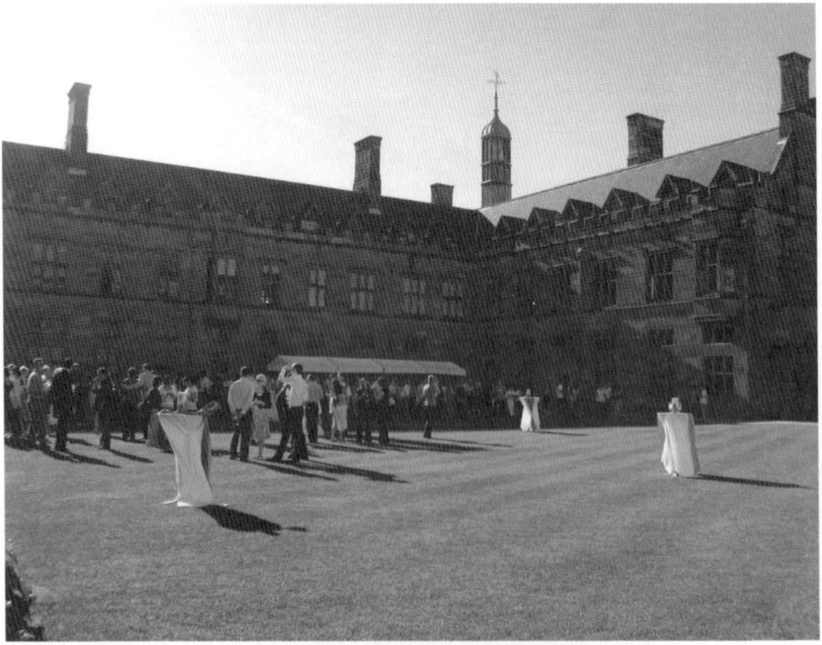

澳洲雪梨大學副校長的草地酒會

的學生曾惡作劇地在很短的時間內，將校園內的警車移置到校內一間建築物內的高處平台，讓其無法值勤。連怎麼放上去的工程，都令大家難以想像。在國外由於讀大學的代價很高，許多大學生都很重視資源的有效利用。像國外大學內，普遍都有二手書的交易。放假要出遠

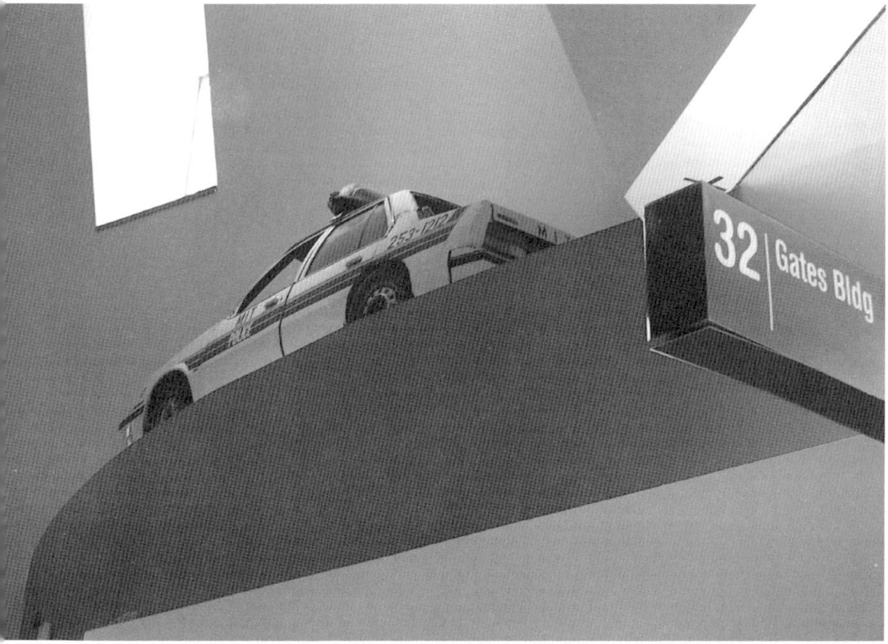

MIT學生在惡作劇日把警車拆解送上場館內高台上組裝

門時，也都會積極尋找共乘者，以分攤汽油的費用。

由於科技的進步，國外各大學的設備與行政管理都依賴電子化。史丹福大學有些教室的門板上有電子化的管理系統，可以增加對教室利用的效率，可以打個比方，這就像把教室當旅館的房間來安排運用，非常有效率。而場館內的電子看板，也顯示了在場館內，不同時段、不同課程在

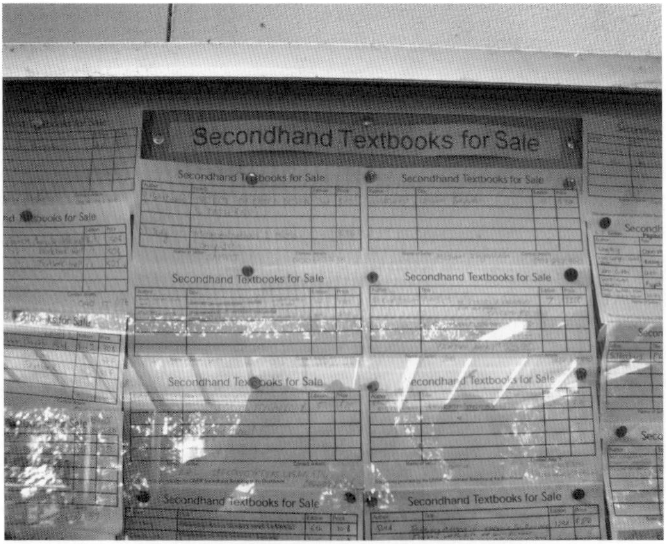

澳洲新南威爾斯大學的二手書廣告

不同教室的安排情形。國內各大學也逐漸推動電子化的管理，以電子化的刷卡代替人工點名系統即為很好的例子，可以大大減少教師點名的時間。

世界各著名大學都會追求學術的最高榮譽，那就是諾貝爾獎，諾貝爾獎會讓大學教授登上學術領域的最高峰。每年當諾貝爾獎公佈得主時，其所服務的學校也倍增光彩。甚至有些學校為

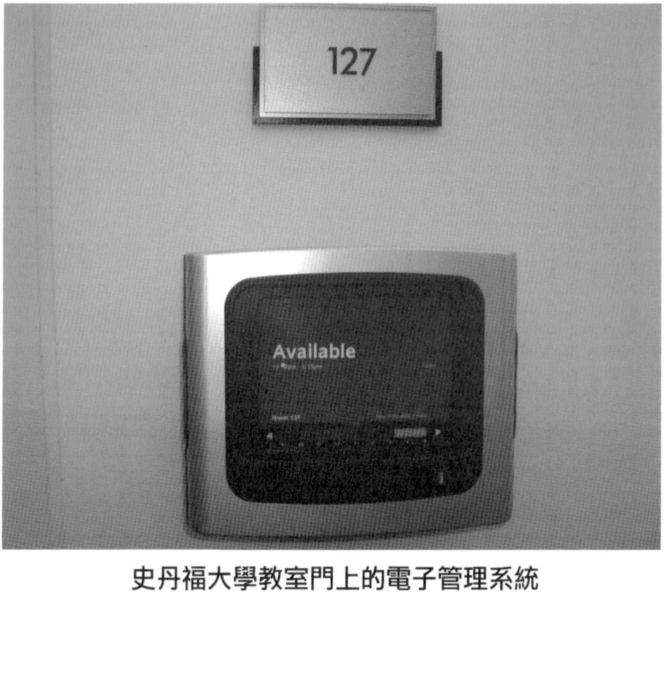

史丹福大學教室門上的電子管理系統

了表達對諾貝爾獎得主的崇敬，也在校內提供了一些優遇的措施。柏克萊加州大學有專為諾貝爾獎得主設置校園內的專屬停車位，以示其尊榮。前中央研究院院長李遠哲博士得到諾貝爾化學獎，他當年在柏克萊加州大學就得到這樣的禮遇，日本京都大學的校園內也有為其諾貝爾獎得主設置紀念物，和國外相比，台灣尚缺本土訓練出的人才獲獎。

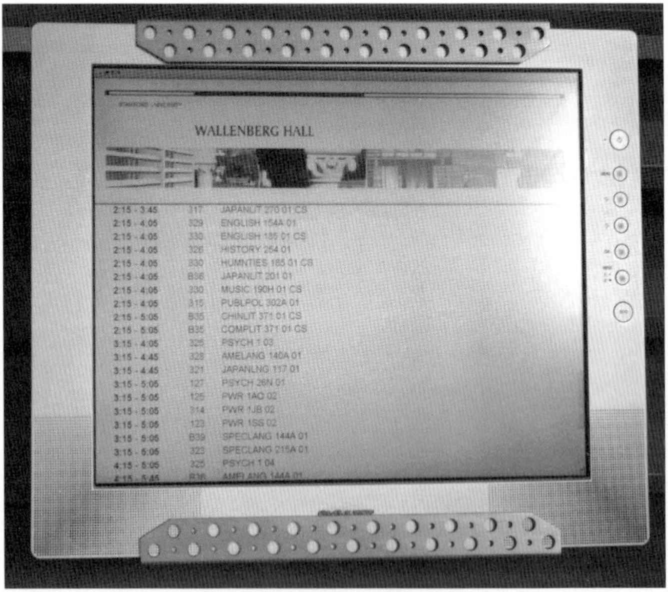

史丹福大學場館管理電子系統

面對學術環境的競爭，美國有名的大學每一科目的不及格比率都很高，在台灣各大學則有許多科目要被當也很困難，因為當前的教學評鑑與教學的績效和升等都綁在一起，使老師會討好學生，學生用混的都可輕易過關。美國的名校對於學生成績的最後評定多會參照次數分配，取一個相當的比例給予不及格，學生很

柏克萊加州大學諾貝爾獎得主專屬停車位

少因為不及格而挾怨報復。另一方面在台灣因為教學評鑑不佳而遷怒於學生的例子亦多有所聞，許多學生會因為老師掌握給分大權而有所顧忌。

諾貝爾經濟學獎得主親筆簽名書贈送本書作者

在美國，殘酷而又高度競爭的學術環境，使大學老師努力追求得到終生聘用（Tenure），美國是一個高度自由而社會發展成熟的國家，對於不適任的大學教師，也祭出不續聘的手段，不被續聘的老師只得收拾行囊回家去，並接受這個事實，並不會說侵害他的人權和工作權。但在台灣當不適任的老師要被不續聘時，作業程序是冗長的，而且會控訴學校剝奪了他的工作權，也侵害了他的人權。若是這樣的話，學校要自我提升的權利在那裏？學校要生存的權利又在那裏？許多不適任的老師不會捫心自問：「別人能，為什麼我不能？」反而扛著人權的大旗，以工作權為掩護，以期能確保他的不利競爭地位。由於不適任的老師普遍沒有競爭力，要轉到他校任教而繼續留在學術界，會有很大的困難。正是因為他們已經沒有退路，才會用盡一切手段，放手一搏，像造謠、製造匿名黑函，向各單位投訴，希望與學校玉石俱焚，但是對多數的適任老師來説，卻也遭到了無妄之災，學校的紛擾會加深他們的不安，會被這些不適任的教師拖累。

進入二十一世紀，知識及技術進步更為快速，產品的生命週期也變得愈來愈短。競爭愈來愈激烈，今日所創新發展出來的知識技術，不久就會過時落伍了，麻省理工目前訓練學生讓他們可以從事的行業，目前尚沒有名稱，但在十年之後這種名稱絕對是非常普遍。像五十年前，很多人都不知道有程式設計這個行業，但是現在程式設計師已非常普遍。一九一〇年代，當商務客機尚未被設計出來時，麻省理工已訓練出航空工程的碩士人才。世界頂尖的大學都很想引領教學，像哈佛大學商學院的個案研究、麻省理工的開放式課程網頁（open course ware）都已經大幅影響到全世界大學的教材與教學，並以其內容為教學的主要參考，各大學如果不進步的話，一下子就會差很大。

國家圖書館出版品預行編目資料

大學差很大/高安邦著--第一版.--台北市：樂果文化，
2011.03
面； 公分--（樂成長；4）

ISBN 978-986-86181-9-0(平裝)

1.高等教育 2.大學 3.台灣

525.933 100000169

樂成長 004

大學差很大

作　　　者／ 高安邦
插　　　圖／ 陳郁樺
封 面 設 計／ 鄭年亨
行 銷 企 畫／ 黃于軒
總　編　輯／ 萬麗慧

出　　　版／ 樂果文化事業有限公司
讀者服務專線：（02）2795-6555
直接郵撥帳號／ 50118837 號　樂果文化事業有限公司
印　　　刷／ 前進彩藝有限公司
總　經　銷／ 紅螞蟻圖書有限公司
地　　　址／ 台北市內湖區舊宗二路 121巷28・32號4樓
電話：（02）27953656
傳真：（02）27954100

2011年 03月第一版　定價／220 元　ISBN 978-986-86181-9-0
2011年 05月第一版 2刷
※本書如有 頁、破損、裝訂錯誤，請寄回本公司調換

郵票

105 台北市松山區民權東路三段144號223室

樂果文化事業有限公司　收

▼

請沿虛線對折，裝訂好寄回，謝謝！

樂果文化

｜樂生活｜樂故事｜樂健康｜樂成長｜樂經營｜

書號：樂成長 004

書名：大學差很大

樂果文化讀者意見卡

◎感謝您購買______________________________〈請填 寫書名〉

為了給您更多的讀書樂趣，請費心填妥以下資料郵遞，即可成為樂果文化的貴賓。

姓名：____________________ □男 □女

出生日期：____年____月____日 E-mail：____________________

電話：（O）______________（H）______________ 傳真：____________

地址：____

學歷：□國中（含以下） □高中/職 □大學/專 □研究所以上

職業：□學生 □生產/製造 □金融/商業 □傳播/廣告 □公務/軍人

□教育/文化 □旅遊/運輸 □醫療/保健 □仲介/服務 □自由 /家管

◆您如何購得本書：□郵購 □書店__________縣（市）______________書店

□業務員推銷 □其他____________________

◆您如何知道本書：□書店 □樂果電子報 □廣告DM □媒體 □親 友介紹

□業務員推薦 □其他____________________

◆您通常以何種方式購書（可複選）：□逛書店 □郵購 □信用卡傳真

□網路 □其他______________

◆您對於本書評價（請填代號：1.非常滿意 2.滿意 3.尚可 4.待改進）：

□定價 □內容 □版面編排 □印刷 □整體評價

◆您喜歡的圖書：□ 百科 □藝術 □文學 □宗教哲學 □休閒旅遊

□歷史 □傳記 □社會科學 □自然科學 □民俗采 風

□建築 □生活品味 □戲劇、舞蹈 □其他__________

◆您對本書或本公司的建議：______________________________

____

____